신방수 세무사의
1인 부동산 법인 하려면
제대로 운영하라!
(개정판)

신방수 세무사의
1인 부동산 법인
하려면 제대로 운영하라!

신방수 지음

2023 개정판

1인 부동산 법인
대충 했다가는
날벼락 맞는다!

매일경제신문사

머리말

최근 법인에 대한 세제강화에도 불구하고 1인 부동산 법인에 대한 관심이 여전하다. 왜 이러한 일들이 벌어지고 있을까? 이는 두말할 필요도 없이 개인에 대한 세제강화와 관련성이 높다. 실제 현장에서 보면 개인이 주택 등 부동산을 거래할 때 세부담이 상당히 많다. 양도소득세 비과세를 받기가 힘들어지고, 취득세와 양도소득세 중과세도 여전히 살아 있는 등 사실상 다주택자의 시대가 저물어가고 있다. 이러한 상황에서 법인을 별도로 운영하면 개인에게 집중되었던 세부담이 다소 완화될 수 있다. 따라서 법인으로의 관심은 어찌 보면 당연한 현상일 수도 있다.

그런데 문제는 시중에 떠도는 단편적인 정보만을 가지고 법인을 설립하려는 예들이 많아지고 있다는 것이다. 법인이 개인보다 세금이 유리하다거나, 경비처리 등이 쉽다는 것이 단적인 예다. 하지만 실제 현장에서 법인의 세무를 담당하고 있는 저자 등 세무전문가의 입장에서 보면, 이는 상당히 위험한 발상으로 비쳐진다. 법인을 둘러싼 세무는 법인세법, 상속세 및 증여세법 등이 복잡하게 얽혀 있어 이를 전체적으로 다루지 못하면 문제가 발생할 수밖에 없는 구조에 놓여 있기 때문이다. 이러한 상황 속에서 수도권 과밀억제권역 밖에 비상주 사무실을 얻어 취득세 중과세를 피한다든지, 무리하게 법인세 신고 등을 해서 세무조사의 대상자가 되는 일들이 생겨나고 있다. 이러한 징후들은 향후 1인 부동산 법인에 대한 정부의 세제가 완화되지 않을 것임을 예고하고 있다. 실제 현 정부는 전 정부에서

선보인 법인에 대한 세제를 대부분 그대로 수용하고 있다.

　이 책은 이러한 배경 아래 1인 부동산 법인들이 합법적인 테두리 안에서 다양한 세무위험을 감지하고, 이를 통제할 수 있도록 올바른 세무 등에 대한 정보를 제공하기 위해 집필되었다. 이 책의 특징을 요약하면 다음과 같다.

첫째, 1인 부동산 법인에 대한 세제를 전문적으로 다루었다.

　부동산 법인이 태어나서 소멸하기까지의 전 과정에서 발생할 수 있는 세제는 생각보다 복잡하다. 여러 가지 법들이 결합되어 있기 때문이다. 이런 이유로 평소 법인 세무에 익숙하지 못한 일반인들은 세무사를 곁에 두지 않고서는 일처리를 할 수 없는 것이 현실이다. 하지만 문제는 법인운영자라면 업무처리에 대한 흐름 정도는 알고 있어야 한다는 것이다. 그래야 변화하는 환경에 제대로 대응할 수 있기 때문이다. 이 책은 이러한 관점에서 초보자들도 관련 내용을 알 수 있도록 부동산 법인에 대한 세무문제를 아주 쉽게 체계적으로 다루었다.

둘째, 개인부터 법인까지 최근의 변화된 부동산 세제내용을 다루었다.

　앞서 보았듯이 1인 부동산 법인이 각광을 받은 이유는 개인의 부동산에 대한 세제강화에 있다. 따라서 이 책의 독자들은 개인의 세제는 물론이고, 최근 강화된 법인의 세제에 대해서도 그 내용을 알아야 한다. 이 책은 이러한 관점에서 개인과 법인이 소유한 부동산에 대한 세제는 물론이고, 이 둘의 차이점 등을 정교하게 분석했다. 특히 법인의 경우에는 법인 자체에 대한 세무문제뿐만 아니라, 주주에게 파생되는 세무문제도 중요하기에 이러한 부분까지도 심도 있게 분석했다.

셋째, 1인 부동산 법인이 알아야 하는 세무에 대한 설립방법 등을 상세히 다루었다.

법인을 설립해두면 유지하는 데 돈이 많이 들어간다. 물론 청산하는 과정에서도 마찬가지다. 따라서 법인 설립 전에 설립해도 되는지에 대한 의사결정을 제대로 할 수 있어야 한다. 한편 설립을 결정한 이후에는 본점 소재지나 주주 등의 결정에도 관심을 둬야 한다. 이 외에 정관이나 이사회 등에 대한 내용도 알아둬야 한다. 또한, 요즘 특수관계인 간의 거래에 의한 세무위험이 증가하고 있는데, 이와 관련된 내용도 놓쳐서는 안 된다. 이 책에서는 이 같은 1인 부동산 법인을 둘러싼 다양한 이슈들도 최대한 분석했다.

이 책은 부동산 법인의 세무에 관한 책을 최초로 쓴 저자가 법인을 생각하는 일반인들의 시행착오를 줄이기 위해 집필한 것이다. 따라서 앞으로 1인 부동산 법인을 설립할 예정에 있는 분들은 이 책을 보고 설립에 대한 의사결정을 해도 늦지 않을 것이라 생각한다. 물론 이미 운영 중에 있는 법인들도 관리 차원에서 보면 좋을 내용들이 가득 담겨 있다. 이 외에 부동산 중개업이나 세무 업계 등에 종사하는 분들도 반드시 알아야 할 것들이 상당히 많이 담겨 있다.

이 책은 많은 분들의 도움을 받아 출간되었다.
우선 늘 저자를 응원해주는 '신방수세무아카데미' 네이버 카페 회원들의 도움이 컸다. 이분들의 관심과 성원에 힘입어 원고를 완성할 수 있었다. 그리고 출판사에서 교정을 담당해주시는 배성분 팀장님과 디자인을 해주시는 공민호 실장님께 감사의 말씀을 드린다. 이 외에도 항상 가족의 안녕을 위해 기도하는 아내 배순자와 대학생으로 본분을 다하고 있는 큰딸 하영이와 작은딸 주영이에게 감사의 뜻을 전한다.

아무쪼록 이 책 한 권이 독자 여러분의 앞날에 조금이라도 도움이 되었으면 한다.

역삼동 사무실에서
세무사 신방수

Contents

머리말 …… 4
| 일러두기 | …… 12

제1장 1인 부동산 법인의 허와 실

- **01** 왜 법인에 열광하는가? …… 15
- **02** 개인들이 부동산 세제 때문에 고민이 깊은 까닭은? …… 17
- **03** 법인으로 운영하면 개인에게 적용되는 세제들은 어떻게 달라지는가? …… 20
- **04** 법인의 주택취득 중과세에 대한 해법은 무엇인가? …… 25
- **05** 법인의 보유 주택 수에 따른 종부세의 차이는? …… 30
- **06** 추가 법인세율 인상이 1인 부동산 법인에 미치는 영향은? …… 36
- | **심층분석** | 1인 부동산 법인의 나아갈 방향 …… 40

제2장 현금출자로 법인을 설립하는 방법

- **01** 법인은 무엇을 의미하는가? …… 47
- **02** 법인 설립 전에 결정할 사항들은? …… 50
- **03** 법인 설립 절차는 어떻게 될까? …… 54
- **04** 본점과 지점, 사업장 등은 어떻게 구분이 되는가? …… 58
- **05** 지점설치등기는 반드시 해야 할까? …… 63
- **06** 부동산 법인의 사업자등록 신청과 세무회계 일정은? …… 67
- | **심층분석** | 이사회 의사록 등 …… 72

제3장 현물출자로 법인을 설립하는 방법

- **01** 현물출자란 무엇을 의미할까? …… 77
- **02** 현물출자가액은 어떻게 평가하는가? …… 79
- **03** 현물출자에 의해 발생한 세금을 줄이는 방법은? …… 84
- **04** 현물출자에 따른 업무절차는? …… 90
- |**심층분석**| 현물출자에 의한 법인 설립 관련 Q&A …… 94

제4장 1인 부동산 법인의 자금관리법

- **01** 1인 부동산 법인의 자금조달은 어떻게 해야 할까? …… 99
- **02** 법인 설립 시에 만들어야 하는 재무제표는? …… 104
- **03** 가수금은 어떻게 관리해야 할까? …… 108
- **04** 잔금을 장기 미지급하면 문제가 없을까? …… 115
- **05** 가지급금이 발생하면 어떤 불이익이 있을까? …… 117
- **06** 자금 인출 시 계정과목명과 영수증의 계가 맞아야 문제가 없는 이유는? …… 121
- **07** 기타 법인 자금과 관련해서 궁금한 사항들은? …… 123
- |**심층분석 ①**| 1인 부동산 법인의 증빙수취법 …… 126
- |**심층분석 ②**| 원천징수제도의 모든 것 …… 129

제5장 법인이 부동산 거래 시 발생하는 이슈들

- **01** 법인의 목적사업과 과세·면세 여부를 먼저 확인해야 하는 이유는? …… 135
- **02** 부동산 법인이 부동산 취득 시 알아둬야 할 것들은? …… 139
- **03** 부동산 법인이 부동산 보유 시 알아둬야 할 것들은? …… 146
- **04** 부동산 법인이 부동산 임대 시 알아둬야 할 것들은? …… 151
- **05** 부동산 법인이 부동산(재고자산) 양도 시 알아둬야 할 것들은? …… 158
- **| 심층분석 |** 부동산을 법인이 증여받을 때 알아둬야 할 것들 …… 164

제6장 1인 부동산 법인의 비용 처리법

- **01** 비용 처리를 하면 어떤 효과가 발생할까? …… 169
- **02** 법인이 비용을 안전하게 처리하는 기준은? …… 171
- **03** 소소한 비용을 법인의 경비로 인정받는 방법은? …… 176
- **04** 가족에게 인건비를 지급할 때 알아야 할 것들은? …… 179
- **05** 임원에게 인건비를 지급할 때 반드시 갖춰 놓아야 할 것들은? …… 182
- **06** 복리후생비를 많이 계상하려면 어떻게 해야 하는가? …… 187
- **07** 1인 부동산 법인도 기업업무추진비(접대비)를 처리할 수 있을까? …… 190
- **08** 1인 부동산 법인이 업무용 승용차비용을 제대로 처리하는 방법은? …… 194
- **09** 부동산 임대 법인에게만 적용되는 비용 처리의 한계는? …… 199
- **| 심층분석 ① |** 법인이 자금을 인출할 때 주의할 점들 …… 202
- **| 심층분석 ② |** 법인이 사규로 갖춰둬야 할 규정들 …… 205

제7장 1인 부동산 법인의 이익계산과 법인세 신고법

- 01 법인의 이익은 어떻게 계산할까? …… 211
- 02 추가이익은 어떻게 계산하는가? …… 215
- 03 수선비 지출이 자본적 지출에 해당하는지의 여부가 중요한 이유는? …… 221
- 04 이익이 많을 때 취해야 하는 조치들은? …… 223
- 05 결손금은 어떻게 관리해야 할까? …… 226
- 06 법인세는 어떻게 계산하고 신고하는가? …… 230
- 07 1인 부동산 법인의 법인세 절세법은? …… 234
- 08 법인의 잉여금은 꼭 배당해야 하는가? …… 236

| 심층분석 | 셀프로 장부 관리하는 방법 …… 241

제8장 부동산 투자 형태의 결정 개인과 법인의 선택

- 01 개인과 법인의 차이점은? …… 247
- 02 부동산 법인의 장점과 단점은? …… 252
- 03 부동산 법인을 하면 안 되는 경우와 하면 좋은 경우는? …… 257
- 04 양도세 비과세를 받기 위해 법인을 설립하면 진짜 효과가 있을까? …… 262
- 05 양도세가 중과세되는 상황에서 법인으로 양도하는 것이 더 유리할까? …… 266
- 06 부동산을 사업적으로 매매하면 개인보다 법인이 유리할까? …… 269
- 07 주택임대업은 개인보다 법인이 유리할까? …… 274

| 심층분석 | 주택 수별로 법인을 설립하는 방법 …… 277

제9장 부록 Appendix

- 01 1인 부동산 법인의 종합적인 세무관리법 …… 281
- 02 법인세법상 부당행위계산의 부인제도 …… 286
- 03 부동산의 저가 양도 시의 실무적용 사례 …… 293
- 04 주식 이동 시 점검해야 할 것들 …… 299
- 05 법인 청산 시 발생하는 세무위험 관리법 …… 303

※ 일러두기

이 책을 읽을 때에는 다음 사항에 주의하시기 바랍니다.

1. 개정세법의 확인

이 책은 2023년 3월에 적용되고 있는 세법을 기준으로 집필되었습니다. 실무에 적용 시에는 그 당시의 개정세법 등을 확인하는 것이 좋습니다. 세무전문가인 세무사의 확인을 받도록 하시기 바랍니다.

2. 용어의 사용

이 책은 다음과 같이 용어를 사용하고 있습니다.

- 법인세법 시행령 → 법령
- 조세특례제한법 → 조특법
- 조세특례제한법 시행령 → 조특령
- 지방세특례제한법 → 지특법

3. 기타 정보의 확인

- 조정대상지역, 투기과열지구 등에 대한 지정 및 해제정보는 '대한민국 전자관보(http://gwanbo.mois.go.kr)'에서 확인할 수 있습니다.

- 2022년 12월 21일에 정부에서 발표한 2023년 부동산 세제완화 추진안은 저자의 《2023 확 바뀐 부동산 세금 완전 분석》의 322페이지를 참조하시기 바랍니다.

- 자금조달계획서 등에 대한 정보는 법제처 홈페이지에서 '부동산 거래신고 등에 관한 법률'을 통해 관련 내용을 확인할 수 있습니다.

4. 책에 대한 문의 및 세무상담 등

책 표지 안 날개 하단을 참조하시기 바랍니다.

1인 부동산 법인의
허와 실

01 왜 법인에 열광하는가?

지금도 부동산 법인에 관심을 갖는 사람들이 여전히 많다. 법인을 운영하다 보면 다양한 법률을 적용받아 신경 써야 할 일들이 많은데도 말이다. 이에는 분명 어떤 이유가 있을 것이다. 단도직입적으로 말하면 그것은 다름 아닌 개인에 대한 각종 세제조치가 강화된 채로 되어 있기 때문이다. 투자는 하고 싶은데, 개인이 부담해야 하는 세금이 많아지므로 새로운 돌파구로 법인을 찾게 된 것이다. 그렇다면 이구동성으로 법인이 왜 좋다고 할까? 그 이유를 찾아보고, 진짜 그런지도 알아보자.

첫째, 법인의 세금이 저렴하다고 한다.

개인과 법인은 존립근거에서 차이가 나고, 전자는 소득세법, 후자는 법인세법으로 양분되다 보니 구조적으로 세금차이가 발생한다. 일반적으로 소득세는 6~45%의 세율로 과세되나 법인세는

9~24%[1]의 세율로 과세된다. 따라서 이 정도의 정보만을 가지고 보면 법인이 유리한 것처럼 보인다. 하지만 부동산은 정부의 규제가 더해지면 다양한 형태로 세무상 쟁점들이 발생한다. 따라서 무조건 법인의 세금이 더 저렴하다고 생각해서 법인에 열광하다가는 돌이킬 수 없는 치명상을 입을 수 있다.

둘째, 개인비용을 법인비용으로 처리할 수 있다고 한다.

어떤 사람은 개인이 사적으로 사용하는 비용이나 대표이사의 급여를 언제든지 법인의 비용으로 처리할 수 있다고 법인 설립을 부추긴다. 맞는 것일까? 이는 위험한 생각이다.

셋째, 자녀 등에게 부를 대물림하기가 좋다고 한다.

자녀가 법인의 주식을 보유하고 있는 경우 배당금을 획득할 수 있으므로 외견상 부의 대물림의 가능성이 높기는 하다. 하지만 배당금을 받을 때에는 당연히 배당소득세 같은 세금이 따라다닌다. 이때 금융소득 종합과세에 걸리면 6~45%로 정산될 수 있다. 이 외에 주식을 이전하는 경우에는 개인의 입장에서 경험하지 못한 다양한 세무위험에 직면하게 된다. 따라서 이 말이 꼭 맞는 것은 아니다.

이 책은 앞의 내용들이 맞는지 법인 운영자나 설립 예정자의 입장에서 중점적으로 검토하게 될 것이다. 새 정부에서 법인에 대한 세제가 또다시 바뀔 가능성이 높기 때문에 이에 대한 위험을 예방하는 관점에서도 더더욱 그렇다.

---

1) 법인세율은 9~24%로 되어 있으나 대기업이 아닌 이상 대부분 9~19%의 세율이 적용된다.

개인들이 부동산 세제 때문에 고민이 깊은 까닭은?

이제 본격적으로 법인의 설립근거에 대한 타당성을 검증해보자. 이를 위해서는 먼저 개인들이 어떤 세제 때문에 고민을 하고 있는지를 파악할 필요가 있다. 물론 이 책은 이들에 대한 세제를 다루는 것이 아니므로 대략적으로 살펴볼 수밖에 없다.

1. 취득세의 강화

1세대가 3주택 이상 보유한 상태에서 주택을 추가로 취득하면 1~3%의 세율이 4%로 올라간다. 따라서 종전의 경우 5억 원짜리 주택을 사면 1%인 500만 원의 취득세를 냈지만, 2020년 이후부터는 4%인 2천만 원을 내야 한다.

그런데 2020년 8월 12일 이후부터 다주택자가 주택을 취득하면 취득세율이 최고 12%까지 올라간다. 예를 들어 5억 원짜리 주택에 대해 12%의 세율이 적용되면 취득세가 6천만 원이 발생한다.

2. 보유세의 강화

보유세는 크게 재산세와 종합부동산세(이하 종부세)를 말하는데, 이 중 종부세의 경우 2022년부터 지속적인 인하가 되면서 종전처럼 큰 부담은 없을 것으로 보인다. 2023년 3월 현재 개인의 종부세 중과세는 3주택 이상 중 과세표준이 12억 원(기준시가로 환산하면 24억 원 선) 초과 시에만 2.0~5.0%가 적용된다. 이 외는 일반세율인 0.5~2.7%가 적용된다(법인은 2.7~5.0%).

3. 임대소득세 건강보험료 포함의 강화

그동안 개인들이 주택을 보유해 임대를 해도 소득세가 거의 과세되지 않았다. 과세인프라가 구축이 안 되었기 때문이다. 하지만 현재는 이러한 문제점이 많이 개선되어 전방위적으로 임대소득세가 과세되고 있다. 그 결과, 지역에서 내는 건강보험료도 덩달아 올라가고 있다.

4. 양도세의 일부 완화

최근 실수요자와 투자 수요자들을 망라해 양도소득세(이하 양도세)에 대한 세제개편이 곳곳에서 이뤄졌다. 그 결과 1세대 2주택 이상 보유자들은 양도세 비과세를 받기가 상당히 힘들어졌다.

예를 들어, 조정대상지역 내의 일시적 2주택 처분 기한이 1년으로 줄어들고, 최종 1주택에 대한 비과세 보유기간이 재기산(리셋)되는 한편, 양도세 중과세제도가 도입되었기 때문이다. 하지만 이러한 양도세 세제는 2022년 5월 10일 이후부터 전과 사뭇 다른 양상이 전개되고 있다(구체적인 내용은 44페이지 참조). 조정대상지역 내의 일시적 2주택 처분기한이 2년(2023년 1월 12일 이후는 3년)으로 연장(전입의무는 삭제)되었고, 비과세 보유기간 재기산제도가 폐지되었으며, 2년 이상 보유한 주택에 대해서는 양도세 중과세제도가 한시적으로 폐지되었기 때문이다.[2] 따라서 양도세 관점에서만 보면 개인에 대한 투자 환경이 종전보다 좀 더 개선되었음을 알 수 있다.

5. 주택임대사업자에 대한 세제강화

최근 정부의 주택임대사업자에 대한 세제정책이 변화무쌍하다. 2018년 9·13 부동산 대책을 기점으로 태도가 완전히 바뀌었기 때문이다. 실제 현장에서 보면 그 이전에 취득한 주택들은 기득권 보호 측면에서 지금도 다양한 혜택을 누릴 수 있지만, 그 이후에 취득한 주택들은 임대사업자로서의 실익이 별로 없다. 따라서 개인들이 주택을 구입해 주택임대사업자등록을 내더라도 효과가 없음에 유의해야 한다.

정부는 2020년 8월 18일 이후부터 아파트를 제외한 주택들에 대해서는 10년 장기로만 등록을 허용하고, 기존등록자들은 의무임대기간(4년, 8년)이 종료되면 등록이 자동으로 말소되도록 관련 법을 개정했다(단, 4년 단기임대자 전부와 8년 장기임대 중 아파트 임대자에 한함).

6. 기타

이 외에도 개인을 겨냥한 자금출처조사 등 각종 세무간섭이 날로 높아지고 있다.

---

[2] 2년 이상 보유한 주택에 한해 2022년 5월 10일부터 2년간 한시적으로 중과세를 적용하지 않는다. 새 정부의 세제정책은 저자의 카페 등을 통해 별도로 확인하기 바란다.

03 법인으로 운영하면 개인에게 적용되는 세제들은 어떻게 달라지는가?

앞서 보았듯이 개인이 집을 한두 채씩 늘려 투자하는 시대는 사실상 2020년 12월 말로 끝난 것으로 보인다. 물론 정부에서 세법을 개정하면 분위기는 달라질 수는 있겠지만, 현재로서는 이러한 추론이 가능하다(양도세 등 일부 세제는 완화되더라도 정작 중요한 취득세와 종부세가 완화되지 않으면 투자 활성화가 생각보다 더딜 수 있다). 문제는 이러한 상황이 지속되면 새로운 돌파구가 필요하게 된다는 것이다. 이의 하나로 법인을 생각하는 경우가 많다.

그렇다면 법인으로 운영하면 앞의 내용들은 어떻게 바뀔까? 여기에서는 대략적으로 살펴보고, 자세한 것들은 순차적으로 살펴보자.3)

---

3) 개인이 좋은지, 법인이 좋은지 등에 대한 의사결정은 제8장에서 다루고 있다.

1. 취득세 개인 1~12% → 법인 12%

2020년 8월 12일 이후부터 개인이 주택을 취득하면 주택 수 등에 따라 최저 1%에서 최고 12%까지 취득세가 부과된다. 이때 주택 수에는 분양권이나 입주권, 오피스텔 등을 포함하나, 시가표준액(기준시가)이 1억 원 이하인 주택 등은 주택 수에서 제외되는 한편, 중과세율을 적용하지 않는다. 그런데 법인은 개인과는 달리 주택 수와 무관하게 12%의 단일세율을 적용한다. 다만, 개인처럼 시가표준액 1억 원 이하인 주택 등은 중과세율을 적용하지 않는다.

2. 보유세 개인 2~5% → 법인 2.7~5%

종부세의 경우 개인별로 합산과세가 되는데, 이때 주택 등을 법인과 함께 분산소유하면 전체적으로 종부세가 줄어들게 된다. 다만, 개인 다주택자의 경우 2023년 6월 1일부터 2.0~5.0%로 종부세 중과세가 적용되며, 세부담 상한율은 1.5배가 적용된다. 한편 법인은 개인과는 달리 기본공제 9억 원이 적용되지 않고 중과세율은 2.7~5.0%까지 적용되며, 세부담 상한율은 적용되지 않는다.

3. 임대소득세·건강보험료 법인으로 운영 시 건강보험료↓

임대소득세의 경우 연간 2천만 원 이하인 경우에는 개인이 다소 유리할 수 있으나, 이를 초과한 경우에는 법인이 유리할 가능성이 높다. 개인의 종합소득세율은 6~45%가 되고, 법인세는 9~24%가 적용되기 때문이다. 이 외 개인은 직장이나 지역에서 정해진 소득 등에 맞춰 건강보험료를 내야 하지만, 법인은 조절이 가능한 소득에 대해 부과되므로 건강보험료를 줄일 수 있는 여지가 있다.

4. 양도세 개인 중과세 → 법인 추가과세 등

개인의 주택에 대해서는 양도세 비과세와 중과세 등이 고르게 적용된다. 그런데 이러한 과세판단은 1세대가 보유한 주택 수에 따라 그 내용이 달라진다. 1주택이면 비과세, 2주택 이상이면 과세를 원칙으로 하되 중과세 대상 주택에 대해서는 중과세가 적용되는 식이다. 따라서 개인은 주택 수가 적어야 세제혜택을 받을 수 있고, 많으면 불이익을 받게 된다.

이러한 관점에서 법인으로 주택을 일부 소유하게 되면 개인은 양도세 비과세 혜택을 누릴 수 있게 되고(실수요자가 됨), 나머지 주택을 법인으로 관리하게 되면 종부세가 줄어드는 한편, 때에 따라서는 양도세보다는 적게 법인세를 내는 등 다양한 효과를 누릴 수 있게 된다. 이를 요약정리하면 다음과 같다.

- 개인은 1세대 1주택을 유지하면 양도세 비과세를 받을 수 있다.[4] 만약 비과세를 받지 못하면 과세가 되는데 이때 일반과세와 중과세 중 하나가 적용된다. 중과세는 기본세율에 20~30%p가 가산된다(단, 2년 이상 보유한 주택에 대해서는 2022년 5월 10일부터 2년간 중과 적용배제).

---

[4] 다주택자가 1주택에 대한 양도세 비과세를 받기 위해서는 2021년 1월 1일 이후부터는 최종 1주택만을 보유한 날로부터 2년 이상 보유하도록 하는 제도는 2022년 5월 10일부로 폐지되었다. 따라서 다주택자들은 양도차익이 적은 것들을 우선 정리한 후에 나머지 1주택을 양도하면 바로 비과세를 받을 수 있게 되었다.

· 법인이 보유한 주택을 처분하면 양도세가 아닌 법인세를 내면 된다. 양도세와 법인세는 완전히 다른 세목이며, 그 구조에 따라 세금차이가 많이 발생한다. 이에 대해서는 뒤에서 별도로 살펴보자.

5. 주택임대업 2020. 7. 11 이후 개인, 법인 사실상 세제혜택 박탈(건설임대는 제외)

개인의 경우 2018년 9월 13일 이전 취득분(비아파트에 한함)은 세제혜택이 아직도 남아 있지만, 이날 이후에 조정대상지역에서 취득한 주택들은 사실상 주택임대사업자에 주어진 세제혜택이 대부분 소멸되었다. 하지만 법인의 경우에는 9·13조치를 적용받지 않기 때문에 개인과 차이가 나고 있다. 그런데 최근 정부는 2020년 6·17대책을 통해 같은 해 6월 18일 이후에 법인이 조정대상지역 내의 주택을 신규로 매입임대등록한 경우 종부세 및 법인세 추가과세를 하는 식으로 세법을 개정했다(등록 전에 반드시 효과를 분석할 것).

6. 기타

자금출처조사는 주로 개인에게 집중되고 있으나, 최근에는 1인 부동산 법인에 대해서도 세무간섭이 높아지고 있다. 따라서 이러한 항목에서는 개인과 법인의 차이가 크지 않다고 볼 수 있다.

이상의 내용을 보면 법인으로의 사업동기는 주로 취득세, 종부세, 건강보험료, 양도세 등의 절감과 관련이 높다. 다만, 최근에는 오히려 법인의 세제가 더 강화되는 측면이 있어 법인으로의 사업동기가 약화되고 있는 것으로 보인다.

Tip 개인과 법인의 부동산(주택) 세제 비교

개인과 법인의 부동산 중 주택의 세제를 비교하면 다음과 같다. 독자들은 기본적으로 개인의 세제에 대해 밝아야 하고, 이를 기반으로 개인사업자와 법인사업자의 세제도 익혀야 한다.

구분	개인	개인사업자	법인사업자
취득	취득세 · 1~3% · 중과세 : 8~12%	취득세 : 좌동	취득세 · 1~3% · 중과세 : 12%

보유	· 재산세
	· 종부세
	 - 1세대 1주택 : 12억 원
	 - 개인 3주택 이상 & 과표
	  12억 원 초과 시 : 중과세,
	  세부담 상한율 1.5배
		· 재산세 : 좌동
		· 종부세 : 좌동
			· 재산세 : 좌동
			· 종부세
			 - 공제 : 0원
			 - 3주택 이상 : 중과세,
			  세부담 상한율 미적
			  용함.

임대	종합소득세 - 비과세 - 분리과세 - 종합과세	종합소득세 : 좌동	법인세 - 종합과세
양도	양도세 - 비과세 - 중과세(2년 보유주택 한시적 폐지) - 일반과세	종합소득세 - 일반과세 - 비교과세	법인세 - 일반과세 - 추가과세
주택 임대업	취득세~양도세까지 다양하게 감면	–	취득세~법인세까지 다양하게 감면(개인과 차이)

부동산(주택)에 투자하는 형태는 앞의 세 가지가 있다. 이 중 본인에게 가장 유리한 형태를 찾는 것이 이 책의 목표이기도 하다. 참고로 이 과정에서 새 정부의 세제정책도 중요한 변수가 되므로 이 부분도 고려할 필요가 있다.

법인의 주택취득 중과세에 대한 해법은 무엇인가?

2020년 8월 12일 이후 법인이 주택을 취득하면 취득세율이 최고 12%까지 적용되고 있다. 예를 들어 5억 원짜리 주택을 취득하면 6천만 원이 취득세가 되는 셈이다. 이렇게 취득세가 인상되면 사실상 법인이 신규로 주택을 취득하는 것이 힘들어진다. 이하에서는 법인이 취득하는 부동산에 대한 취득세 중과세 해법에 대해 알아보자.

1. 취득세 중과세의 종류

취득세 중과세는 크게 두 가지 종류가 있다. 하나는 최근 신설된 '지방세법' 제13조의2에 따른 법인의 주택취득에 따른 중과세(12%)이고, 다른 하나는 종전부터 적용되어온 '지방세법' 제13조에 따른 과밀억제권역 내 부동산 취득에 대한 중과세(4% 등 가산)다. 따라서 앞으로 법인이 부동산을 취득할 때에는 두 가지의 취득세 중과세 규정을 검토해야 한다.

2. 법인의 주택취득에 대한 취득세

2020년 8월 12일 이후부터 법인이 주택을 취득하면 원칙적으로 취득가액에 12%의 세율을 적용해 취득세를 부과한다. 다만, 시가표준액이 1억 원 이하 등의 주택에 해당하는 경우에는 중과세를 적용하지 않고 일반세율을 적용한다. 이를 정리해보자.

1) 중과세

법인이 취득한 주택에 대해 12%의 취득세 중과세가 적용되기 위해서는 다음과 같은 요건을 충족해야 한다.

- 법인이 주택을 취득해야 한다.
- '지방세법 시행령' 제28조의2에서 정하고 있는 중과세에서 제외되는 주택에 해당하지 않아야 한다. 이에는 시가표준액 1억 원 이하인 주택, 농어촌 소재 주택, 건설사업자의 멸실 예정인 주택, $60m^2$ 이하의 사원용 주택 등이 해당한다.

2) 일반과세

'지방세법' 제13조의2 규정에 따른 주택 취득세 중과세는 과밀억제권역 내 신설법인 등과는 무관하게 무조건 12%가 적용되는 것이 원칙이다. 따라서 주택임대사업자등록을 하더라도 이 규정에 따른 12%를 벗어날 수 없다. 그러나 '지방세법 시행령' 제28조의2에 다음과 같이 열거가 되어 있으면 중과세율을 적용하지 않는다.

- 시가표준액 1억 원 이하의 주택(단, 정비구역 내의 주택은 제외)
- 건설사업자의 멸실 예정인 주택
- 사원용 주택 등

사례를 통해 앞의 부분을 확인해보자.

Q. 법인이 시가표준액 1억 원 이하의 주택을 취득하면 취득세 중과세를 적용하지 않는가?

원칙적으로 그렇다.

Q. 서울에서 설립된 지 5년이 미경과한 법인이 이 지역에서 1억 원 이하의 주택을 취득하면 취득세율은 어떻게 결정될까?

시가표준액 1억 원 이하의 주택은 2020년 8월 12일에 신설된 '지방세법' 제13조의2 규정에 따른 12%를 적용하지 않는다. 따라서 이 경우에는 원칙적으로 '지방세법' 제11조 제1항 제8호에 따른 1~3%의 세율이 적용된다. 그런데 이 법인이 설립된 지 5년이 안 된 상태에서 이 지역 내의 부동산을 취득한 것에 해당하면, '지방세법' 제13조의2를 적용받아 12%가 적용된다. 설립된 지 5년 미경과한 법인에 대한 일종의 벌칙에 해당한다. 주의하기 바란다.

Q. 법인이 주택을 취득해 임대업을 영위하고자 하는 경우에도 취득세 중과세를 적용하는가?

주택임대업을 영위하기 위해 취득한 주택도 12%를 적용하는 것이 원칙이다.

Q. 멸실 예정인 주택을 취득할 때 중과세가 적용되는가?

원칙적으로 그렇다. 다만, 등록건설사업자나 주택신축판매사업자로 사업자등록을 한 자가 해당 주택을 취득하면 3년(신축판매는 1~3년) 내에 멸실 조건으로 중과세를 적용하지 않는다.

Q. 취득세 중과세가 적용되지 않는 사원용 주택이란 무엇을 의미하는가?

'지방세법 시행령' 제28조의2 제12호에서는 사원에 대한 임대용으로 직접 사용할 목적으로 취득하는 주택으로서 1구의 건축물의 연면적(전용면적을 말한다)이 60제곱미터 이하인 공동주택을 말한다. 이에 대해서는 취득세 중과세를 적용하지 않는다.

3. 취득세 중과세 해법

법인이 주택을 취득하면 중과세가 적용되는 것이 원칙이다. 그렇다면 이에 대한 해법은 없는가?

첫째, 중과세가 적용되지 않는 유형을 알아두자.

법인이 취득한 사원용 주택이나 시가표준액 1억 원 이하의 주택 등은 중과세를 적용하지 않는다. 다만, 과밀억제권역 내에서 설립된 5년 미만 경과된 법인이 이러한 주택을 취득하면 12%가 적용됨에 유의해야 한다.

둘째, 수도권 과밀억제권역 내에서 설립된 법인이 시가표준액 1억 원 이하의 주택을 취득하면 주택임대업으로 등록하자.

1억 원 이하의 주택에 대해 중과세가 적용되는 경우에는 주택임대업으로 등록하면 중과세는 적용하지 않기 때문이다. 주택임대업으로 등록한 주택은 이처럼 과밀억제권역 내의 1억 원 이하의 주택에 대해서만 중과세를 적용하지 않는다는 점에 유의하기 바란다.

셋째, 취득세율 중과세 완화안(6% 등)이 국회를 통과하면 2022년 12월 21일 이후 취득분부터 소급해 적용된다. 부동산 세제 완화안은 저자의 《2023 확 바뀐 부동산 세금 완전 분석》을 참조하기 바란다.

Tip 수도권 과밀억제권역 범위

수도권	수도권 과밀억제권역
서울특별시, 인천광역시, 경기도	서울특별시(산업단지 제외), 인천광역시(강화군, 옹진군, 서구 대곡동·불로동·마전동·금곡동·오류동·왕길동·당하동·원당동, 인천경제자유구역 및 남동 국가산업단지는 제외한다), 의정부시, 구리시, 남양주시(호평동, 평내동, 금곡동, 일패동, 이패동, 삼패동, 가운동, 수석동, 지금동 및 도농동만 해당한다), 하남시, 고양시, 수원시, 성남시, 안양시, 부천시, 광명시, 과천시, 의왕시, 군포시, 시흥시[반월특수지역(반월특수지역에서 해제된 지역을 포함한다)은 제외한다]

법인의 보유 주택 수에 따른 종부세의 차이는?

보유세는 크게 재산세와 종부세를 말한다. 이 중 재산세는 정부의 세제정책에 영향을 받지 않고 저율로 부과되는 경우가 일반적이다. 하지만 종부세는 주택에 해당하면 상당히 높은 세율이 적용될 수 있음에 유의해야 한다. 특히 법인이 보유한 주택에 대한 종부세는 기본공제 등이 적용되지 않아 더더욱 세부담이 커지고 있다. 이하에서 법인의 주택에 대한 종부세 해법을 알아보자.

1. 법인에게 적용되는 종부세

개인과 법인의 세제 차이가 가장 많이 나는 세목이 바로 종부세다. 구체적으로 법인은 기본공제액 9억 원을 적용받을 수 없으며, 세율도 2.7%(2주택 이하)나 5.0%(3주택 이상)가 적용된다. 또한 법인은 세부담 상한율도 적용되지 않는다. 이를 표로 요약하면 다음과 같다.

구분	개인	법인
기본공제액	9억 원(1주택자 12억 원)	공제배제
세율	· 2주택 : 0.5~2.7% · 3주택 이상 & 과표 12억 원 초과 : 2.0~5.0%	· 2.7(2주택 이하)% · 5.0(3주택 이상)%
세액공제	80%	-
세부담 상한율	150%	없음.

앞의 세율에서 법인은 전국적으로 2주택 이하 보유하면 2.7%, 3주택 이상 보유하면 최대 5%의 종부세가 부과된다. 따라서 법인의 종부세는 주택 수에 따라 세율이 달라진다는 특징이 있다. 이를 표로 분석해보자.

구분	주택 수			종부세율
	조정대상지역	비조정대상지역	계	
①	1	0	1	2.7%
②	1	1	2	2.7%
③	0	2	2	2.7%
④	2	0	2	2.7%
⑤	1	2	3	5%

2023년부터 법인의 종부세는 조정대상지역과 무관하게 전국적으로 2주택 이하를 보유하면 2.7%, 3주택 이상을 보유하면 5.0%가 부과된다. 참고로 개인의 경우 3주택 이상자 중 과세표준 12억 원 초과 시 2.0~5.0%의 중과세율이 적용된다. 이 외는 일반세율 0.5~2.7%가 적용된다.

참고로 종업원에게 무상이나 저가로 제공하는 국민주택규모 이하의 주택이나 기숙사 등은 종부세 합산배제가 되는 주택에 해당하므로 사전에 이를 확인하는 것이 좋을 것으로 보인다.

2. 법인의 주택에 대한 종부세 계산 사례

사례를 통해 법인이 보유한 주택에 대한 종부세를 계산해보자.

〈자료〉
· K법인은 2주택을 보유하고 있음.
· 앞의 주택의 기준시가는 각각 3억 원, 5억 원임.

Q. K법인이 보유한 주택 중 한 채는 비조정대상지역에 소재하는 경우 종부세율은?

2023년부터는 주택 수로 세율을 결정하므로 이 경우에는 2.7%가 적용된다.

Q. 두 채 모두 조정대상지역에 소재한 경우 종부세는?

두 채 모두 조정대상지역에 소재한 경우에도 종부세율은 2.7%다. 따라서 기준시가의 합이 8억 원이므로 종부세는 2,160만 원이 된다. 이 외 농특세가 종부세의 20%만큼 추가된다.

Q. 앞의 주택 외에 2주택(기준시가 2억 원)이 있다고 하자. 이를 한 법인이 모두 보유한 경우와 두 법인을 만들어 각각 2채씩 보유한 경우의 종부세 차이는?

① 한 법인이 보유한 경우
10억 원×5%=5,000만 원

② 두 법인이 각각 보유한 경우
8억 원×2.7%+2억 원×2.7%=2,160만 원+540만 원=2,700만 원

③ 차이
5,000만 원-2,700만 원=2,300만 원

한 법인의 보유 주택 수가 3채 이상인 경우 세율은 5%가 적용될 수 있으나, 각 법인이 2채 이하로 보유한 경우에는 각각 2.7%가 적용되므로 종부세에서 차이가 발생한다. 이러한 원리를 이용해 2개 이상의 법인을 유지한 경우가 많다.

Q. 앞의 종부세는 법인의 비용에 해당하는가?

당연하다. 종부세가 비용으로 처리되면 이익을 축소시키므로 결과적으로 법인세를 줄여준다. 법인세율이 9%가 적용되면 450만 원 정도의 법인세 감소를 예상해볼 수 있다.

Q. 만일 앞의 주택 중 한 채가 사택에 해당하면 종부세 크기에 영향을 주는가?

사택은 경영에 필수적인 요소에 해당하므로 종부세를 면제해준다. 다만, '종부세법 시행령' 제4조 제1항에서는 종업원에게 무상이나 저가로 제공하는 사용자 소유의 주택으로서 국민주택규모 이

하이거나 과세기준일 현재 공시가격이 3억 원 이하인 주택에 대해서만 종부세를 부과하지 않는다. 한편 다음 중 하나에 해당하는 종업원에게 제공하는 주택은 면제대상에서 제외한다.

- 사용자가 법인인 경우에는 '국세기본법' 제39조 제2호에 따른 과점주주
- 사용자가 개인인 경우에는 그 사용자와의 관계에 있어서 '국세기본법 시행령' 제1조의2 제1항 제1호부터 제4호까지의 규정에 해당하는 자

3. 법인의 주택에 대한 종부세 해법

법인이 보유한 부동산 중 주택에 대한 종부세는 생각보다 강도가 세다. 따라서 법인이 주택을 취득할 예정에 있거나 보유하고 있다면 종부세에 대한 대책을 먼저 세울 필요가 있다.

첫째, 과세방식을 이해해야 한다.

법인의 주택에 대한 종부세는 기본공제와 세부담 상한제도가 적용되지 않고 세율도 높다. 따라서 사전에 이러한 부분을 정확히 인지해 취득 및 보유에 대한 실익판단을 해야 한다.

둘째, 처분 등을 통해 주택 수를 조절해야 한다.

법인이 보유한 주택 수가 많아 종부세가 크게 나오는 경우에는 주택을 처분하는 등의 방법으로 주택 수를 조절해야 한다. 종부세는 매년 6월 1일을 기준으로 과세되므로 6월 1일 전에 잔금이 청산되어야 한다.

셋째, 주택임대업으로 등록하는 방법이 있다.

주택임대업으로 등록하면 종부세 합산배제를 받을 수 있다. 다만, 최근에는 세법이 개정되어 선별적으로 이에 대한 혜택이 적용된다. 구체적으로 아파트는 등록이 불가하며, 이 외는 가능하나 2020년 6월 18일 이후 조정대상지역에서 등록한 매입임대주택은 합산배제를 받을 수 없다. 이를 요약하면 다음과 같다.

구분	2020. 6. 17 이전 등록	2020. 6. 18 이후 등록
조정대상지역	합산배제 가능*	합산배제 불가
비조정대상지역	합산배제 가능*	합산배제 가능*
비고	건설임대주택은 합산배제 가능	건설임대주택은 합산배제 가능

* 2020년 8월 18일 이후에는 아파트를 제외한 다가구주택·다세대주택·기타 단독주택과 주거용 오피스텔만 10년 장기로 등록이 가능하다.

Tip 법인 쪼개기가 종부세 등에 미치는 영향

현실에서 보면 여러 개의 법인을 만들어 한 법인이 1개의 주택을 보유하는 식으로 법인을 운영하는 경우가 많다. 그렇다면 이렇게 법인을 쪼개어 운영하면 효과가 있을까? 일단 취득세의 경우에는 효과가 없으나 종부세나 법인세에서는 일정 부분 효과가 있을 가능성이 높다. 종부세는 주택 수에 따라 2.7%나 5%가 적용되고, 법인세의 경우 소득분산에 따라 일반법인세가 줄어들 가능성이 높기 때문이다. 하지만 한 개인이 여러 개의 법인을 운영하다 보면 관리비용이 증가되는 한편, 과세관청으로부터 불필요한 세무간섭을 받을 가능성이 높다. 따라서 종부세를 줄이기 위해 법인 개수를 늘리는 방법은 가급적 삼가는 것이 좋을 것으로 보인다.

추가 법인세율 인상이 1인 부동산 법인에 미치는 영향은?

　2020년 7·10대책에 따라 2021년 1월 1일부터 추가 법인세율이 10%에서 20%로 인상되었다. 알다시피 추가 법인세는 일반 법인세 외에 주택이나 비사업용 토지의 양도차익에 추가로 과세되는 법인세를 말한다. 그렇다면 이러한 추가 법인세 인상이 1인 부동산 법인의 운영에 어떤 영향을 줄까? 이하에서 이에 대해 알아보자.

1. 바뀐 추가 법인세제도의 내용

2021년 1월 1일부터 추가 법인세제도가 다음과 같이 개정되었다.

1) 추가 법인세 적용 대상의 확대

　원래 추가 법인세의 적용대상은 주택(주거용 오피스텔, 별장 포함)과 비사업용 토지에 한했으나, 2021년 1월 1일부터 분양권과 입주권이 추가되었다.

2) 추가 법인세율 인상

앞에서 보았듯이 10%에서 20%로 인상되었다. 단, 비사업용 토지에 대한 추가 법인세율은 종전처럼 10%가 적용된다.

2. 추가 법인세 적용 사례

사례를 통해 앞의 내용을 이해해보자.

〈자료〉
· K법인은 2억 원에 취득한 주택을 3억 원에 양도했음.
· 위 법인의 올해 당기순이익은 0원임.
· 위 외의 사항은 무시함.

Q. 앞의 법인의 일반 법인세는 얼마인가?

일반 법인세는 0원이다. 당기순이익이 0원이기 때문이다.

Q. 추가 법인세는 얼마인가?

양도차익 1억 원의 20%인 2천만 원이 추가 법인세에 해당한다.

Q. 만일 앞의 주택을 개인이 양도해 60%의 세율로 중과세가 적용되면 세금은 얼마인가?

1억 원의 60%인 6천만 원이 양도세가 된다.

Q. 법인세와 양도세를 비교하면 얼마의 차이가 예상되는가?

법인세는 2천만 원, 양도세는 6천만 원이므로 4천만 원의 차이가 발생한다. 다만, 법인은 세후 이익에 대해 14% 이상의 배당소득세가 발생하므로 이를 감안하면 두 차이는 줄어든다.

Q. 종부세를 추가하면 바로 앞의 물음에 대한 답을 달라지는가?

이 경우 다음과 같이 개인과 법인의 전체적인 세금을 비교해 그 결과에 따라 그 내용이 달라질 것으로 보인다.

- 개인 양도세+종부세 < 법인 법인세+종부세+배당소득세인 경우 → 이 경우에는 개인으로 주택을 보유해 양도하는 것이 유리할 수 있다.
- 개인 양도세+종부세 > 법인 법인세+종부세+배당소득세인 경우 → 이 경우에는 법인으로 주택을 보유해 양도하는 것이 유리할 수 있다.

앞의 물음에서 개인 양도세와 법인세의 차이는 4천만 원이었는데, 법인에 부과되는 종부세의 증가분과 배당소득세를 합한 금액이 4천만 원 이하가 된다면 법인으로 보유하는 것은 유리하다는 결론을 내릴 수 있다.

Q. 만일 앞에서 양도세가 2천만 원이라면 어떤 결론이 나올까?

이 경우에는 양도세와 법인세가 같기 때문에 개인으로 보유하는 것이 더 유리할 가능성이 높다. 법인은 종부세가 증가되고 배당소득세가 추가될 수 있기 때문이다.

Tip 양도세와 법인세 비교

개인이 주택을 양도하면 양도세, 법인은 법인세가 적용된다. 개인은 2021년 6월 1일, 법인은 2021년 1월 1일부터 아래와 같이 세율이 적용된다.

구분	개인*		법인	
	일반세율	중과세율	일반세율	추가세율
주택	·1년 미만 : 70% ·1~2년 미만 : 60% ·2년 이상 : 6~45%	·2주택 : 6~45%+20%p ·3주택 : 6~45%+30%p	9~24%	20% (비사업용 토지는 10%)
입주권	상동	해당사항 없음.		
분양권	해당사항 없음.	·1년 미만 : 70% ·1년 이상 : 60%		

* 아래의 주택과 입주권 그리고 분양권에 대한 단기양도세율이 1년 미만 45%로 인하될 가능성이 있다(2022. 12. 21 정부 부동산 세제 완화안, 저자의 《2023 확 바뀐 부동산 세금 완전 분석》 322페이지 참조).

앞의 추가 법인세율은 다음과 같이 변천을 했다.

Tip 추가 법인세율 변천사

구분	2013.1.1~2013.12.31	2014.1.1 이후	2021.1.1 이후
등기	30%	10%	20%(비사업용 토지는 10%)
미등기	40%	40%	40%
비고	2009. 3. 16 ~ 2012. 12. 31 취득분은 추가 법인세를 과세하지 않음.		

| 심층분석 | 1인 부동산 법인의 나아갈 방향

법인을 운영하고 있거나 앞으로 할 예정에 있는 경우, 법인에서 발생하는 세무회계나 기타 일들에 대해 항상 관심을 둬야 한다. 법인은 규제의 강도가 생각보다 세기 때문이다. 여기에서는 법인 운영 시 주의해야 할 사항들을 대략적으로 살펴보자. 자세한 것들은 뒤에서 살펴볼 것이다.

첫째, 투명하게 세무회계관리를 해야 한다.
과세관청이 마음만 먹으면 법인 사업장에 대한 세무조사는 언제든지 실시할 수 있다. 그 결과 탈세 등의 행위가 밝혀지면 법인과 개인에 대한 세금추징은 물론이고, 때에 따라서는 사법부에 고발 등의 조치가 취해질 수 있다. 따라서 법인을 시작했다면 다음과 같은 내용들을 특히 주의해야 한다.

· 자금지출 : 사적으로 사용하지 않도록 한다.
· 임원 관련 지출 : 세법에서 정한 기준을 위반하지 않도록 한다.
· 가공지출 : 허위 영수증을 수취하지 않도록 한다.

둘째, 법인이 주주 등과 거래 시에는 법인세법상 부당 행위계산의 부인제도와 상증법상 증여의제도 등에 주의해야 한다.
법인세법은 임원과 주주에 대해서는 가혹하리만큼 다양한 규제제도를 적용하고 있다. 이들이 법인의 가장 앞에 서 있는 특수관계인에 해당되기 때문이다. 이들이 회사와 각종 거래 시 세법기준에 맞지 않

으면 앞의 법을 적용해 세금을 추징한다.[5]

셋째, 법인에게 부동산 규제가 들어오면 그 효과를 분석해야 한다.
1인 부동산 법인에 대한 규제가 언제든지 들어올 가능성이 높다. 따라서 정부의 부동산 대책이 들어올 때마다 그에 대한 효과를 분석할 수 있어야 한다.

넷째, 추가 법인세율이 30% 정도 들어오면 법인청산을 준비해야 한다.
1인 부동산 법인 등을 대상으로 법인세 추가과세 30%가 적용되는 안이 도입되면 사실상 법인으로의 운영실익이 거의 없어진다. 따라서 이때에는 법인청산 등을 고려해야 한다. 다만, 법인을 유지할 수밖에 없는 상황도 있을 수 있으므로 이를 감안할 필요가 있다.

다섯째, 부동산 세무에 정통한 세무전문가를 곁에 둬야 한다.
부동산 법인은 부동산에 특화된 세무처리법이 따로 존재하는 만큼 일반 법인세실무 정도의 경험 가지고는 절대 해결될 수 없다. 따라서 어차피 세무전문가인 세무사에게 의존할 수밖에 없다면 개인 및 부동산 등 모든 부동산 세제에 밝은 세무사를 곁에 둬야 한다.

---

5) 일반인들이 법인세금을 어렵게 생각하는 이유는 이러한 것과 관련이 있다.

Tip 정부의 부동산 대책 중 세제정책

정부의 부동산 대책에 따른 세제정책은 다음과 같이 진행되어왔다. 그런데 이러한 정책들은 대부분 개인에 초점을 맞추고 있다. 정부의 세제정책 등에 대한 자료는 저자가 운영하는 카페(https://cafe.naver.com/shintaxpia)와 책에 잘 정리되어 있다.

① 제1차 부동산 대책
- 2017년 8월 2일 발표
- 양도세 비과세 요건 중 거주요건 도입(2017. 8. 3 이후 조정대상지역 내의 주택 취득분부터 적용)
- 양도세 중과세 도입(2018. 4. 1 이후 양도분)
  → 법인은 무관함.

② 제2차 부동산 대책
- 2018년 8월 13일 발표
- 조정대상지역 내 신규취득 후 임대등록 시 세제혜택 배제(2018. 9. 14 이후 취득분)
  → 법인은 무관함.

③ 2019년 2월 소득세법 시행령 개정
- 양도세 비과세 보유기간 기산일을 최종 1주택을 보유한 날로 변경(2021. 1. 1 이후 양도분부터 적용함. 단, 2022년 5월 10일에 폐지됨)
- 주택임대사업자의 거주주택 비과세 횟수 축소(2019. 2. 12 이후부터 평생 1회만 비과세를 적용함)
  → 법인은 무관함.

④ 제3차 부동산 대책
- 2019년 12월 16일 발표
- 규제지역 대출한도 축소
- 조정대상지역 일시적 2주택 비과세 처분기한 단축 및 전입의무 신설(2019. 12. 17 이후 취득분. 2022년 5월 10일 이후 1년에서 2년으로 처분기한이 연장되는 한편 전입의무가 삭제됨)

→ 대출은 법인에게도 적용하나 세제는 무관함. 대출에 대한 자세한 정보는 저자의 카페나 금융감독위원회 등의 홈페이지에서 알 수 있음.

⑤ **2020년 1월 개정세법**
- 1세대 4주택자 취득세율 4%(2020. 8. 12 이후는 8~12%) 적용
- 장기주택임대사업자의 장기보유특별공제율 50~70% 적용기한 도입(매입임대주택은 2020. 12. 31 등록분까지만 인정)
  → 법인은 무관함.

⑥ **2020년 6·17대책**
- 법인이 2020년 6월 18일부터 조정대상지역 내의 주택(모든 주택을 말함)을 매입임대로 등록 후 임대 시 종부세 및 추가과세 적용
  → 주로 법인과 관련됨.

⑦ **2020년 7·10대책**

구분	개인	법인
취득세	· 1주택·일시 2주택 : 1~3% · 2주택 이상 : 8~12%	12% (주택 외는 과밀지역 중과세)
종부세	· 2주택 : 0.5~2.7% · 3주택 이상 & 과표 12억 원 초과 : 2.0~5.0%	· 2.7(2주택 이하)% · 5.0(3주택 이상)%
양도세/법인세	· 1주택·일시 2주택 : 비과세 · 2·3주택 : 기본세율+20~30%p	· 일반법인세 : 9~24% · 추가법인세 : 20%(비사업용 토지는 10%)
주택임대업세제	· 신규등록 : 10년(아파트 제외) · 기존등록 : 자동말소/자진말소	좌동

→ 개인과 법인 모두에 해당함. 참고로 전 정부에서 추진한 위의 세제들은 2022년 5월 10일 등장한 새 정부에 의해 일부 보완이 되어 시행되고 있으나, 정작 중요한 취득세 중과세율이나 양도세 단기세율, 법인세 추가세율 등은 개정이 되지 않은 채로 시행되고 있음. 이는 국회의 동의를 전제로 개정이 되어야 하기 때문임. 따라서 개인 및 법인 관련 세제는 당분간 현행의 세제가 적용될 것으로 보임.

Tip 새 정부의 부동산 세제정책

2022년 5월 10일에 출범한 새 정부에서는 주택 양도세제 중 국민의 생활과 직결되는 중과세와 비과세제도를 아래와 같이 개정했다. 향후 지속적인 세법 개정이 뒤따를 것으로 보인다.

구분	현행	개정	시행시기
1. 주택 양도세 중과세 한시적 폐지	·적용대상 : 조정지역 2주택, 3주택	·적용대상 : 조정지역 2년 이상 보유한 주택	2022. 5. 10~ 2024. 5. 9 양도분
	·세율 : 6~45%+20~30%p ·장특공 : 적용배제	·세율 : 6~45% ·장특공 : 적용	
2. 비과세 보유(거주) 기간 리셋제도 폐지	최종 1주택만 보유한 날로부터 2년 보유기간 등 기산	폐지	2022. 5. 10 이후 양도분
3. 일시적 2주택 비과세 요건 완화	·조정대상지역 내 이주 시 1년 내 종전주택 처분	2년(2023. 1. 12 이후는 3년)으로 연장	2022. 5. 10 이후 종전주택 양도분
	·조정대상지역 내 이주 시 1년 내 신규주택으로 전입	폐지	

참고로 2022년 12월 21일에 정부에서 발표한 부동산 세제 완화안은 저자의 《2023 확 바뀐 부동산 세금 완전 분석》을 참조하기 바란다.

제 2 장

현금출자로
법인을 설립하는 방법

법인은 무엇을 의미하는가?

지금부터는 법인이 필요한 경우를 상정해서 법인 설립에 대한 기초적인 내용을 살펴보고자 한다. 향후 법인을 운영할 때 기본적인 내용들을 제공하므로 설립 및 운영 중에 있더라도 한 번씩 봐두는 것이 좋을 것이다. 기초가 튼튼하면 외풍에 무너지지 않는다. 이제 본격적으로 나가보자.

1. 법인이란 무엇일까?

법인(法人)이란 자연인 이외의 것으로 법률에 의해 권리능력이 부여된 단체(사단법인) 또는 재산(재단법인)을 말한다. 현행 민법에서는 다음과 같은 규정을 두어 법인의 성립을 뒷받침하고 있다.

제33조(법인 설립의 등기)
법인은 그 주된 사무소의 소재지에서 설립등기를 함으로써 성립한다.

제34조(법인의 권리능력)
법인은 법률의 규정에 좇아 정관으로 정한 목적의 범위 내에서 권리와 의무의 주체가 된다.

2. 회사란 무엇을 의미할까?

상법 제169조에서는 '회사란 상행위나 그 밖의 영리를 목적으로 하여 설립한 법인'임을 말하고 있다. 이러한 법인을 보통 '영리법인'이라고 한다.[1] 실무에서는 이러한 법인을 회사라는 명칭으로 사용한다. 상법상 회사의 종류에는 크게 다섯 가지 형태가 있다.

① **주식회사** : 주식을 발행해 설립된 회사
② **유한회사** : 사원의 균등액 이상의 출자로 이뤄진 회사
③ **합명회사** : 무한책임사원만으로 구성되는 회사
④ **합자회사** : 무한책임사원과 유한책임사원으로 구성되는 회사
⑤ **유한책임회사** : 각 사원들이 출자금액만을 한도로 책임을 지게 되는 회사

이러한 회사는 상법에서 권한을 부여받은 기관들을 중심으로 운

---

1) 이 책에서는 회사라는 개념보다는 법인이라는 용어를 주로 사용하고 있다. 기업은 개인사업자나 법인사업자가 영위하는 사업 정도의 의미를 가지고 있다.

영이 된다. 예를 들어 이사를 선임해서 그중 한명을 대표이사로 하고, 중요의사결정은 이사회에서 한다. 물론 회사의 존립 등에 관련된 내용은 회사의 주인이라고 할 수 있는 주주들의 집합체인 주주총회에서 결정한다. 이 외 감사를 선임해 회사의 운영상태를 감시하기도 한다.[2]

3. 법인과 세법

세법은 회사(법인)에 대해 다음과 같이 취급하고 있다.

- **법인소득** : 회사의 종류에 관계없이 획일적으로 법인세법을 적용한다.
- **법인의 주요 이해관계자인 임원과 주주** : 법인을 실질적으로 움직이는 임원과 주주에 대해 부당행위계산의 부인규정 및 증여세 규정 등을 적용한다.

---

[2] 1인 부동산 법인은 이러한 모든 행위를 1인이 하는 법인을 말한다. 이러한 법인은 주주가 1인 또는 소수이고, 이사가 1명만 있는 경우가 많다.

법인 설립 전에 결정할 사항들은?

 법인을 설립하기 위해서는 다음과 같은 것들이 먼저 결정되어야 한다. 이 중 상호나 사업목적 등은 그렇게 중요한 요소는 아니다. 법인등기를 추진하는 과정에서 법무사 등의 도움을 받으면 그만이기 때문이다. 하지만 본점 소재지나 자본금이나 주주 등의 결정은 조금 더 신중해야 한다.

· 상호 결정
· 사업목적 결정
· 본점 소재지 결정
· 자본금 결정
· 주주 및 임원 결정

1. 사업목적 결정

부동산에 관련된 임대나 매매 기타 분야 등 모든 사업의 내용을 사업목적에 넣을 수 있다. 이 중 중점적으로 하는 사업이 사업자등록증에 표시가 된다. 참고로 사업목적의 범위를 벗어나게 사업을 영위하면 관련 법 등에 따라 제재를 받을 수 있으나, 세법은 이에 대해 별다른 제재를 하지 않는다.

2. 본점 소재지 결정

이는 주택 외 부동산에 대한 취득세 중과세와 관련이 있다. 수도권 과밀억제권역 내에서 설립된 법인이 이 지역 내의 부동산을 취득한 경우에 이러한 문제가 발생한다. 다만, 다음과 같은 경우에는 중과세의 문제가 없다.

- 과밀억제권역 밖에서 설립한 경우
- 과밀억제권역 밖의 부동산을 취득한 경우
- 중과배제 업종을 영위한 경우

3. 자본금 결정

자본금은 제한이 없다. 따라서 100원짜리 법인도 존재할 수가 있다. 다만, 자본금이 부족하면 운영자금이 부족하게 되어 결국 차입금에 의존을 하게 되는데, 이렇게 되면 재무제표 모양새가 좋지 않으므로 이 부분을 감안해 그 크기를 결정해야 한다.

※**상법 제329조**(자본금의 구성)

③ 액면주식 1주의 금액은 100원 이상으로 하여야 한다.

4. 주주 결정

주주는 법인의 주인으로써 주식을 보유한 자들을 말한다. 이러한 주주는 자본을 출자하게 되므로 가족들을 중심으로 구성을 해도 된다. 자녀를 포함해 가족이 주주가 되면 자금조달이나 향후 배당을 받을 때 유리할 수 있다. 참고로 가족의 주식 수를 모아 50%를 초과한 주주집단을 과점주주 등으로 부르며, 법인이 납세의무를 이행하지 못할 때 제2차 납세의무를 지우거나 취득세를 추가로 부과하는 경우도 있다. 이러한 점은 1인 부동산 법인에게 매우 중요한 과제가 될 수 있다.

※**상법 제331조**(주주의 책임)

주주의 책임은 그가 가진 주식의 인수가액을 한도로 한다.

5. 임원 결정

　법인의 임원은 이사와 감사를 말한다. 현행 상법은 자본금이 10억원 이하인 경우 이사는 1명 이상, 감사는 없어도 되는 것으로 하고 있다. 따라서 이사가 1명인 경우에는 그가 대표이사가 되고, 이사회도 1인으로 구성이 가능하게 된다. 이러한 법인을 실무에서 '1인 법인'이라고 한다. 참고로 3인 미만의 이사가 있는 경우 상법상 이사회를 구성할 수가 없으므로 주주총회의 역할이 중요하다. 이에 대한 자세한 내용은 저자의 최근작인《가족법인 이렇게 운영하라!》를 참조하기 바란다.

Tip 주주와 임원의 관계

세법 등에서는 경영에 참여하는 주주를 출자임원이라고 하고, 경영에만 참여하는 임원을 전문경영인이라고 한다. 이 책에서는 출자임원에 대한 내용을 위주로 전개하고 있다. 참고로 배우자, 교직원, 공무원, 다른 회사의 사원 등도 주식을 보유할 수는 있으나 임직원으로 근무하는 것은 겸직의무위반 등에 해당될 수 있음에 유의해야 한다.

법인 설립 절차는 어떻게 될까?

　법인 설립은 주로 주식회사의 형태로 많이 하고 있는데, 설립절차는 상법에서 정하고 있다. 법인 설립은 스스로도 할 수 있고, 법무사 등을 통해 의뢰할 수도 있다. 여기에서는 주식회사의 설립절차에 대해 알아보자. 보통 설립은 '정관의 작성 → 법인의 실체구성 → 설립등기' 순으로 이뤄진다.

1. 정관의 작성

　'정관'은 법인의 조직과 활동에 관한 기본규칙을 말한다. 이에는 사업목적, 상호, 법인이 발행할 주식의 총수, 1주의 금액 등을 기재하도록 법정되어 있다(상법 제289조). 정관은 법인의 중요한 내용들이 들어 있기 때문에 반드시 공증인의 인증을 받아야 한다(상법 제

292조). 단, 자본금 10억 원 미만인 법인은 인증을 받지 않아도 된다.

2. 법인의 실체구성

이는 주주를 확정하고 자본을 모집하고 법인 기관을 구성하는 단계를 말한다. 자본을 모집하는 방법에는 발기설립과 모집설립이 있다. 전자는 발기인이 주식의 총수를 인수하는 방법을 말하며, 후자는 자본의 일부를 별도의 주주로부터 청약을 받아 모집하는 방법을 말한다. 현실적으로는 비교적 설립이 쉬운 발기설립이 선호되고 있다.

3. 설립등기

발기설립의 경우 검사인의 설립경과 조사 등의 절차 완료일로부터 2주 내에 '법인 설립등기 신청서'에 정관과 주식인수를 증명하는 서류 등을 첨부해서 본점 소재지 관할등기소에 설립등기를 신청한다(상법 제317조). 설립등기를 함으로써 법인격이 취득되어 법인의 이름으로 영업활동을 할 수 있게 된다.

※법인 설립등기 신청서류

구분	서류
법인 설립등기(관할지방법원 또는 등기소)	신청서, 정관, 주식청약서, 주식인수증빙서류, 창립총회의사록(비송사건절차법)

참고로 상법 제317조에서는 다음과 같은 내용을 등기하도록 하고 있다.

② 제1항의 설립등기에 있어서는 다음의 사항을 등기하여야 한다.
1. 제289조 제1항 제1호 내지 제4호, 제6호와 제7호에 게기한 사항
2. 자본금의 액
3. 발행주식의 총수, 그 종류와 각종 주식의 내용과 수
3의 2. 주식의 양도에 관하여 이사회의 승인을 얻도록 정한 때에는 그 규정
3의 3. 주식매수선택권을 부여하도록 정한 때에는 그 규정
3의 4. 지점의 소재지
4. 회사의 존립기간 또는 해산사유를 정한 때에는 그 기간 또는 사유
6. 주주에게 배당할 이익으로 주식을 소각할 것을 정한 때에는 그 규정
8. 사내이사, 사외이사, 그 밖에 상무에 종사하지 아니하는 이사, 감사 및 집행임원의 성명과 주민등록번호
9. 회사를 대표할 이사 또는 집행임원의 성명·주민등록번호 및 주소
12. 감사위원회를 설치한 때에는 감사위원회 위원의 성명 및 주민등록번호

앞에서 제1항 제3호의 4, 제6호 등은 실무에서도 쟁점이 된다.

4. 법인 설립 신고

이는 설립등기를 한 날로부터 2개월 이내에 본점 소재지 관할 세무서장에게 소정의 서류를 첨부해서 신고하는 것을 말한다. 세법에서 정한 협력의무로써 법인의 현황을 파악해 과세자료로 삼으려는

취지가 있다. 법인 설립 신고 시 구비서류는 다음과 같다.

- 법인 설립 신고서
- 법인등기부등본(2003년부터 첨부 생략)
- 정관
- 주주 등의 명세, 임대차계약서 사본 등

5. 사업자등록

사업자등록은 법인 설립 신고로 갈음할 수 있다. 첨부서류는 위와 같다.

Tip 법인 설립비용은 얼마나 들어갈까?

법인 설립을 할 때 다음과 같은 비용이 발생한다.[3]

- 자본금에 대한 등록면허세 : 자본금의 0.4%(중과세 적용 시 1.2%)
- 등기 보수료 등

---

[3] 자세한 내용은 지자의 카페에 문의하기 바란다.

본점과 지점, 사업장 등은 어떻게 구분이 되는가?

　1인 부동산 법인을 운영할 때 가장 정리가 안 되고 헷갈리는 것들 중 하나가 바로 본점과 지점의 차이, 사업장의 구별이다. 특히 본점과 지점은 취득세 중과세와 밀접한 관련성을 맺고 있어 이에 대한 정리가 필요하다. 여기에서는 세법상의 납세지와 사업장의 개념, 그리고 본점과 지점이 세법과 어떤 관련을 맺고 있는지 등을 살펴보자.

1. 민법상의 본점과 지점의 개념

　본점은 정관상의 목적사업을 달성하기 위해 영업전체의 지휘·명령 및 통일이 이뤄지는 주된 영업장소를 말한다. 반면 지점은 본점의 지휘·감독을 받지만 독자적으로 영업활동을 할 수 있는 인적·물적 설비와 회계적인 독립성을 가진 영업장소를 말한다.[4] 민법 제36조에서는 법인의 주소는 그 주된 사무소의 소재지에 있는 것으로 하도록 하고 있다.

2. 세법상의 납세지

세법상의 납세지는 세금을 신고 및 납부하는 소재지를 말한다. 따라서 이 소재지가 속한 세무서 등에 신고 및 납부를 해야 한다. 세목별로 살펴보면 다음과 같다.

1) 부가가치세법상의 납세지

부가가치세법은 거래금액의 10%를 징수하기 위해 부가가치세가 발생하는 사업장을 납세지로 하고 있다. 구체적인 사업장의 범위에 대해서는 부가가치세법 제6조에서 규정하고 있는데, 이를 살펴보면 다음과 같다.

① 사업자의 부가가치세 납세지는 각 사업장의 소재지로 한다.
② 제1항에 따른 사업장은 사업자가 사업을 하기 위하여 거래의 전부 또는 일부를 하는 고정된 장소로 하며, 사업장의 범위에 관하여 필요한 사항은 대통령령으로 정한다.
③ 사업자가 제2항에 따른 사업장을 두지 아니하면 사업자의 주소 또는 거소(居所)를 사업장으로 한다.
④ 제1항에도 불구하고 제8조 제3항 후단에 따른 사업자 단위 과세 사업자는 각 사업장을 대신하여 그 사업자의 본점 또는 주사무소의 소재지를 부가가치세 납세지로 한다.

위의 내용을 좀 더 자세히 살펴보자.

---

4) 주사무소는 비영리법인의 주된 사무소의 소재지를 말한다. 분사무소는 비영리법인의 종된 사무소의 소재를 말한다.

첫째, 부가가치세가 과세되는 사업의 경우 '각 사업장의 소재지'가 납세지가 된다.

예를 들어 여러 개의 상가빌딩을 임대하는 경우, 각 장소가 부가가치세법상 사업장이 된다는 것이다. 따라서 각 사업장별로 사업자등록을 내야 한다. 다만, 앞의 제4항에 따르면 어떤 경우에는 각 사업장을 대신해서 그 사업자의 본점의 소재지를 부가가치세 납세지로 할 수 있다. 이를 '사업자단위과세제도'라고 한다.

둘째, 사업장은 사업을 하기 위해서 거래의 전부 또는 일부를 하는 고정된 장소로 한다.

이는 본점 소재지와 무관하게 고정된 장소에서 사업을 하게 되면 그곳이 부가가치세법상의 납세지가 되는 것을 말한다. 구체적인 사업장의 범위는 다음 대통령령(시행령 제8조)을 참조하자.

셋째, 사업자가 사업장을 별도로 두지 아니하면 사업자의 주소 또는 거소(居所)를 사업장으로 한다. 따라서 이 경우에는 본점 주소지가 사업장이 될 수 있다.

※**사업장의 범위**(부가가치세법 시행령 제8조)

① 법 제6조 제2항에 따른 사업장의 범위는 다음 표와 같다.

사업		사업장의 범위
건설업, 부동산 매매업	법인의 경우	법인의 등기부상 소재지(등기부상의 지점 소재지를 포함한다)
	개인의 경우	사업에 관한 업무를 총괄하는 장소
부동산 임대업		부동산의 등기부상 소재지 소재지(주로 일반 부동산 임대업을 말함)

앞의 내용을 사례를 통해 알아보자.

〈자료〉
· ㈜생산의 본점 : 서울
· ㈜생산의 공장 : 인천
· ㈜생산의 판매지점 : 전국 8곳에 있음.

Q. 이 경우 사업자등록은 몇 개가 필요한가?

각 사업장소가 있는 곳이 필요하다. 따라서 총 10개가 필요하다.

Q. 사업자등록은 하나로 낼 수는 없는가?

사업자등록이 많으면 각 사업장별로 부가가치세를 신고 및 납부해야 하므로 너무 번거롭다. 그래서 현행 부가가치세법에서는 사업자단위과세제도를 두어 이 문제를 해결해주고 있다.[5]

2) 법인세법상의 납세지

법인세법상의 납세지는 법인세법 제9조에서 그 법인의 등기부에 따른 본점의 소재지로 하도록 하고 있다. 즉 지점이 여러 개 있더라도 본점에 통합해서 하나로 법인세를 신고 및 납부하도록 하

---

[5] 이 제도는 주사업장총괄납부제도와 유사하나 다음과 같은 차이점이 있다.
 · 이 제도에서는 사업자단위과세사업장(보통 본점)의 사업자번호 1개를 사용한다.
 · 종사업장은 사업자단위과세 승인통지서에 종사업장 일련번호가 4자리 숫자로 부여되어 구분이 가능하다.
 · 종된 사업장에서 매출이 발생하는 경우 세금계산서는 본점 또는 주사무소의 상호 및 소재지 등을 기재한다. 이때 비고란에 실제 공급하는 종된 사업장의 상호와 소재지를 기재한다.

고 있다.

3) 지방세법상의 납세지

지방세법 제8조에서 취득세의 경우 부동산 소재지를 납세지로 하고 있다. 따라서 취득세는 해당 부동산이 소재한 곳의 지자체에 신고 및 납부하면 문제가 없다. 다만, 취득세 중과세의 경우에는 본점과 지점의 위치가 중요하다. 수도권 과밀억제권역 내에 소재한 법인이 이 지역의 부동산을 취득하면 취득세 중과세를 적용하도록 하고 있기 때문이다. 참고로 앞의 부동산은 주로 주택 외 상가나 빌딩과 같은 부동산을 말한다. 주택은 과밀억제권역 소재 여부와 관계없이 12%세율로 중과세가 적용되고 있기 때문이다.

지점설치등기는 반드시 해야 할까?

민법상 본점과 지점이 수도권 과밀억제권역 내에 소재하면 불이익을 받을 가능성이 높은 세목은 바로 지방세 중 취득세다. 나머지 국세는 본점과 지점의 의미는 그렇게 중요하지 않다. 물론 부가가치세법에서는 사업자등록을 제대로 하지 않으면 가산세 등을 부과하지만, 이는 앞에서 본 지점과는 다른 제도에 해당한다. 이는 상법상 지점등기를 하지 않더라도 사업자등록은 해야 하는 경우가 있다는 것을 의미한다. 그렇다면 어떤 경우에 지점설치에 따른 등기를 해야 할까?

1. 지점이란

지점은 본점과 같은 형태의 물적 및 인적설비를 갖추고 독자적인 영업활동을 하는 장소를 말한다. 따라서 단순히 부동산을 구입해

창고로 사용하거나 임대용으로 사용하는 경우에는 민법상 지점이라고 할 수 없다. 따라서 이러한 경우에는 민법이나 상법 등에 따른 지점이 아니므로 상법상의 등기의무는 없다. 물론 지점등기는 하지 않더라도 해당 사업장이 부가가치세법상 사업장에 해당하면 사업자등록은 별도로 해야 하는 것이 원칙이다. 참고로 부동산 임대업의 경우 사업장은 부동산 등기부상의 소재지가 된다. 따라서 부동산이 있는 곳마다 사업자등록을 해야 하는 것이 원칙이다.

2. 지점설치 등기의무

1) 등기의무

상법 제181조에서는 다음과 같이 지점설치의 등기의무를 두고 있다.

> ② 회사의 성립 후에 지점을 설치하는 경우에는 본점 소재지에서는 2주 내에 그 지점소재지와 설치 연월일을 등기하고, 그 지점소재지에서는 3주 내에 제180조 제1호 본문(다른 지점의 소재지는 제외한다) 및 제3호부터 제5호까지의 사항을 등기하여야 한다.

2) 이를 이행하지 않은 경우

500만 원 이하의 과태료가 부과된다.

3. 적용 사례

다음 사례를 통해 앞의 내용을 이해해보자.

〈자료〉
· A법인은 주택매매를 전문으로 하는 매매법인에 해당함.
· 이 법인은 수도권 밖에서 설립되었음.

Q. A법인이 서울의 주택을 구입하면 취득세 중과세를 적용받는가?

과밀억제권역 밖에서 설립된 법인은 이 지역 내의 부동산을 취득하더라도 '지방세법' 제13조에 따른 취득세 중과세를 적용하지 않는다. 다만, 2020년 8월 12일 이후부터는 '지방세법' 제13조의2에 따라 법인이 주택을 취득하면 원칙적으로 취득세 중과세(12%로 적용)를 적용한다.

Q. A법인이 서울의 주택을 사서 임대하려고 한다. 이 경우 지점을 설립해야 하는가?

지점을 설립하기 위해서는 실제 영업장소가 되어야 한다. 즉 사람도 필요하다. 따라서 단순히 임대를 하는 경우에는 지점설립이 필요 없다.

Q. A법인이 서울의 주택을 사서 임대하려고 하는데, 이때 사업자등록은 별도로 내야 하는가?

주택임대업은 면세업으로 부가가치세가 과세되지 않는다. 따라서 이 경우 본점에서 일괄적으로 업무를 수행하므로 별도의 사업자등록은 필요하지 않다(미등록가산세는 부가가치세 과세사업을 영위하는 사업자에게 적용되며, 면세사업자는 적용되지 않음. 단, 개인 주택임대업은 0.2%의 가산세가 있음). 그런데 일부 세무서에서는 주택임대를 하는 경우에도 부동산 등기소재지별로 사업자등록을 요구하는 경우도 있으므로 주의해야 한다(저자 문의).

Q. 만일 앞의 부동산이 상가라면 사업자등록을 별도로 해야 하는가?
상가임대의 경우 부가가치세가 발생하므로 세원관리를 위해 별도의 사업자등록을 요구하고 있다(사업장이 많을 때는 사업자단위과세를 신청해 하나의 사업자등록번호로 관리 가능함. 다만, 면세사업장은 이 제도가 적용되지 않음. 법령해석부가-0089, 2020. 5. 8 예규 참조). 참고로 상가임대만 하는 경우에는 상법상 지점등기를 하지 않아도 된다.

Tip 지점설치등기 없이 일반 부동산 임대업에 대한 사업자등록을 하는 방법

상법에 의한 지점은 이의 설치 시 등기의무가 있다. 하지만 세법은 지점설치 등기를 이행하지 않더라도 이에 대한 설치사실을 확인할 수 있는 이사회의사록 사본을 제출하면 사업자등록을 받아준다. 세법은 부가가치세 세원관리가 중요하기 때문이다. 따라서 상가 등을 취득해 임대하는 경우 이곳에서 사람이 상주하는 등 사실상 지점역할을 수행하면 지점설치등기가 필요하나, 그렇지 않은 경우에는 굳이 상법상의 지점설치등기는 할 필요가 없다고 판단된다. 법무사 등의 조언을 구해보기 바란다.

부동산 법인의 사업자등록 신청과 세무회계 일정은?

1인 부동산 법인에 대한 등기가 끝나면 이후에는 법인 설립 신고와 사업자등록을 해야 한다. 이 업무를 마치면 본격적으로 사업을 시작하게 되는데, 이때부터 세무와 회계가 개입된다. 이와 관련된 내용들을 살펴보자.

1. 법인의 설립 및 설치신고

법인세법 제109조에서는 법인 설립등기일 이후에 다음과 같이 법인의 설립 또는 설치신고를 하도록 하고 있다.

① 내국법인은 그 설립등기일부터 2개월 이내에 다음 각 호의 사항을 적은 법인 설립 신고서에 대통령령으로 정하는 주주 등의 명세서와 사업자등록 서류 등을 첨부하여 납세지 관할 세무서장에게 신고하여야 한다. 이 경우 제111조에 따른 사업자등록을 한 때에는 법인 설립 신고를 한 것으로 본다.

1. 법인의 명칭과 대표자의 성명
2. 본점이나 주사무소 또는 사업의 실질적 관리장소의 소재지
3. 사업목적
4. 설립일

2. 사업자등록

법인세법 제111조에서 사업자등록에 대한 내용을 정하고 있다.

① 신규로 사업을 시작하는 법인은 대통령령으로 정하는 바에 따라 납세지 관할 세무서장에게 등록하여야 한다. 이 경우 내국법인이 제109조 제1항에 따른 법인 설립 신고를 하기 전에 등록하는 때에는 같은 항에 따른 주주 등의 명세서를 제출하여야 한다.
② 부가가치세법에 따라 사업자등록을 한 사업자는 그 사업에 관하여 제1항에 따른 등록을 한 것으로 본다.
③ 이 법에 따라 사업자등록을 하는 법인에 관하여는 부가가치세법 제8조를 준용한다.
④ 제109조에 따른 법인 설립 신고를 한 경우에는 사업자등록신청을 한 것으로 본다.

앞의 내용을 정리하면 다음과 같다.

첫째, 법인 설립 신고를 하면 법인세법상의 사업자등록은 별도로 신청하지 않아도 된다.
법인세법상의 사업자등록은 주로 다음과 같이 부가가치세가 과세되지 않는 업종을 영위할 때 이뤄진다.

· 주택임대업의 경우
· 전용면적 $85m^2$ 이하의 주택을 공급하는 경우

둘째, 부가가치세가 과세되는 업종은 부가가치세법상에 의해 사업자등록을 해야 한다. 이에는 다음과 같은 업종이 해당된다.

· 전용면적 $85m^2$ 초과 주택을 공급하는 경우
· 상가 등 비주거용 건물을 임대하거나 공급하는 경우

셋째, 면세사업자와 과세사업자의 주요 납세협력의무는 다음과 같다.

· 면세사업자 : 다음 해 3월 법인세 신고[6]
· 과세사업자 : 매년 2~4회 부가가치세 신고 및 다음 해 3월 법인세 신고

---

6) 법인들은 개인임대사업자들처럼 사업장현황신고의무가 없다.

Tip 법인 설립과 세무일정

법인이 설립되고 사업자등록이 완료되었다면 법인은 다음과 같은 업무를 수행해야 한다. 외부의 세무회계사무소에 업무를 의뢰하는 경우에도 업무흐름 정도는 숙지를 할 필요가 있다.

절차	내용
법인 설립등기	· 법무사(법인에 한함)
▼	
사업자등록	· 사업장이 있는 관할 세무서(2~3일 내에 수령) · 준비서류 : 사업자등록신청서, 임대차계약서, 주주명부, 정관 등
▼	
원천세 신고	· 임직원에 대한 급여 · 사업소득, 이자소득 지급 시 등
▼	
부가가치세 신고[7]	· 법인(영세한 법인은 1년에 2회 확정신고만 함)

구분		과세대상기간	신고·납부기간
제1기 1. 1 ~ 6. 30	예정신고	1. 1 ~ 3. 31	4. 1 ~ 4. 25
	확정신고	4. 1 ~ 6. 30	7. 1 ~ 7. 25
제2기 7. 1 ~12. 31	예정신고	7. 1 ~ 9. 30	10. 1 ~ 10. 25
	확정신고	10. 1 ~ 12. 31	다음 해 1. 1 ~ 1. 25

☞ 개인 중 일반과세자는 연간 2회, 간이과세자는 1회만 신고 및 납부

법인세 신고	· 12월 말 법인인 경우에는 다음 해 3월 말일까지 신고 및 납부해야 함. · 최초 법인세 신고 시 과세관청에 신고해야 할 것들 : 감가상각방법, 재고자산평가방법 등

※ 저자 주

사업을 진행 중에 당초 계획대로 안 되는 경우가 상당히 많이 존재한다. 예를 들어 사업실적이 전혀 없는 경우 등이 그렇다. 이럴 때에는 다음과 같이 조치를 취하

면 된다. 이러한 업무들은 세무회계사무소의 담당자를 통해 바로 확인할 수 있다.

· 제1안 : 무실적으로 신고만 하는 방법
· 제2안 : 휴업을 신청하는 방법
· 제3안 : 청산을 하는 방법

첫째, 제1안의 경우 뚜렷한 실적이 없더라도 지출비용 등이 있으면 이를 신고해두면 향후 15년간 이월결손금으로 공제받을 수 있는 이점이 있다. 이 외에도 관할 세무서로부터 직권폐업[8]을 당하지 않게 된다.

둘째, 제2안의 경우 관할 세무서에 휴업신청서를 제출해서 휴업기간을 인정받는 것을 말한다.

셋째, 제3안의 경우에는 해산등기를 하고 법인을 청산하는 것을 말한다. 참고로 법인을 운영하지 않고 방치를 하게 되면 자동적으로 청산이 되는 경우도 있다. 세무회계사무소나 법무사 등을 통해 확인하기 바란다.

---

7) 면세사업자들은 부가가치세 신고의무가 없다.
8) 직권폐업은 과세관청이 사업자등록을 말소시키는 제도로, 더 이상 세금계산서 등을 발행하지 못하도록 하는 효과가 있다. 한편 이 법인이 청산되려면 이와는 별개로 해산등기를 완료하고 청산을 해야 한다. 청산소득에 대한 세금문제 등은 부록을 참조하기 바란다.

| 심층분석 | 이사회 의사록 등

법인의 경영 중에 이사회나 주주총회 등에서 중요한 의사결정을 해야 할 때가 있다. 이때에는 반드시 의사록을 작성해서 보관을 해두는 것이 좋다.

1. 이사회 의사록

이사회 의사록

____년 __월 __일 본 회사 본점 사무실에서 다음과 같이 이사회를 개최하다.
이사총수 ____명, 출석 이사수 ____명

제1호 의안 대표이사 선임의 건
이사 _____ 이 의장으로 선출되다.
의장이 대표이사를 선임한다는 취지를 말한 바,
이사 _____ 로부터 이사 _____ 를 대표이사로 추대하자는 취지의 발언이 있고, 전원 그에 찬동해 다음과 같이 대표이사를 선임한다.
대표이사

제2호 의안 본점설치장소 결정의 건
의장은 정관에 본점을 ____시에 둔다고만 정해져 있으므로 설치장소를 결정하자는 취지를 말한 바 전원일치로서 다음과 같이 본점설치장소를 결정한다.
본점

의장은 이상으로서 회의의 목적의안 전부의 심의를 종료했으므로 폐회한다고 선언한다(회의종료시간 ____시 ____분).

위 의사의 경과 요령과 결과를 명확히 하기 위해 이 의사록을 작성하고 의장과 출석한 이사 및 감사가 기명 날인하다.

20○○년 ○월 ○○일
주식회사
의장 대표이사
이 사   (인)
이 사   (인)
이 사   (인)
감 사   (인)

2. 정기주주총회 의사록

제　차 정기주주총회 의사록

__년__월__일 오전__시__분부터 당사의 본점에서 정기 주주총회를 개최했다.

의결권이 있는 전체 주주총수　　　　　　명
의결권이 있는 발행주식총수　　　　　　주
출석주주 수(위임장에 의한 자를 포함)　　명
출석주주 중 의결권이 있는 자의 지분총수　주

상기와 같이 주주의 출석이 있었기 정관의 규정에 의거, 대표이사는 의장석에 착석하고, 정기 주주총회가 적법하게 성립되었기에 개최한다는 뜻을 선언함으로써 즉시 의사 진행에 들어갔다.

제1호 의안　제　　기 결산보고서의 승인에 관한 건.

의장은 당기 __년__월__일부터 __년__월__일까지에 대한 당사의 상황을 영업보고서에 의해 상세히 설명, 보고한 후 다음 서류에 대해서 그 승인을 요구했다.

　1. 대차대조표
　2. 손익계산서
　3. 이익잉여금처분안(또는 결손금처리안)

이어서 감사는 면밀히 조사해본 결과, 모두 정확하고 타당한 것임을 인정한다는 뜻을 보고했다.

따라서 총회는 별단의 이의 없이 이를 승인 가결했다.

의장은 이상으로써 오늘의 의사가 종료되었음을 선언하고 오전 __시 __분 폐회했다.

이상의 결의를 명확히 하기 위해 이 의사록을 작성하고 의장 및 출석이사가 여기에 서명날인 한다.

년　　월　　일

(상호)　주식회사　제　　차 정기주주총회

　　　　　　　　　　　　　　　　　　의장 대표이사　　(인)
　　　　　　　　　　　　　　　　　　출석이사　　　　(인)
　　　　　　　　　　　　　　　　　　출석이사　　　　(인)

제 3 장

현물출자로
법인을 설립하는 방법

01 현물출자란 무엇을 의미할까?

현물출자라는 단어가 많이 등장하고 있다. 용어가 다소 생소할 수는 있지만 간단히 설명하면, 개인이 가지고 있는 부동산 등을 법인의 자본금으로 출자하는 것을 말한다. 만일 현금을 출자하면 현금출자가 될 것이다. 제2장에서 살펴본 것이 이에 해당한다. 하지만 법인의 입장에서 보면 현물이든, 현금이든 모두 자본금에 해당하므로 본질적인 차이는 없다. 여기에서는 현물출자에 의해 법인을 설립하는 방법 등에 대해 알아보자.

〈자료〉
· A씨는 법인을 설립하려고 함.
· 출자는 현금 1억 원과 부동산으로 하려고 함.
· 부동산은 현재 5억 원이 시세이며, 취득가액은 1억 원에 불과함.

Q. A씨가 법인을 설립했다고 하자. 이 경우 법인의 개시재무상태표[1]는 어떤 모습일까? 단, 시세로 설립을 했다고 하자.

자산	부채
6억 원	자본 6억 원
합계 6억 원	합계 6억 원

Q. 현물출자를 받은 법인이 내야 하는 세금은?

취득세를 내야 한다. 법인이 내야 하는 취득세는 부동산 종류 및 과밀억제권역 소재여부 등에 따라 다양한 형태로 발생한다.

Q. 현물출자한 개인은 무엇을 받는가?

법인으로부터 주식을 받게 된다.

Q. 현물출자한 개인은 무슨 세금을 내는가?

현물출자한 대가로 주식을 받은 만큼 양도세가 발생한다. 물론 양도세는 비과세부터 중과세까지 아주 다양하게 발생할 수 있다.

Tip 현물출자로 발생하는 세금

· 현물출자자 : 개인이면 양도세, 법인이면 법인세
· 현물출자를 받은 법인 : 취득세

---

1) 법인 설립 시에 작성하는 재무상태표를 말한다.

현물출자가액은 어떻게 평가하는가?

　현물출자로 법인을 설립하더라도 그 자체는 문제가 없다. 현금이든, 현물이든 둘 다 금전적 가치를 가지기 때문이다. 그런데 현금의 경우에는 현금등가액이 재무제표에 표시되므로 아무런 문제가 없지만, 현물출자의 경우 이의 가액을 어떤 식으로 정할 것인지는 상당히 중요하다. 정확히 평가되지 않으면 향후 주주나 채권자들에게 영향을 주게 되고, 과세 또한 제대로 일어나지 않을 가능성이 높기 때문이다. 따라서 현물출자로 법인을 설립할 때에는 이 문제에 대해 많은 신경을 써야 한다. 여기에서는 현물출자의 대상인 부동산을 평가하는 방법에 대해 알아보자.

1. 상법의 규정

개인 등이 법인에 현물로 출자하는 것은 문제는 없다. 하지만 상법은 다음과 같이 다양한 제도를 두어 법에 맞게 현물출자를 이행하도록 하고 있다.

> **제290조(변태설립사항)**
> 다음의 사항은 정관에 기재함으로써 그 효력이 있다.
> 2. 현물출자를 하는 자의 성명과 그 목적인 재산의 종류, 수량, 가격과 이에 대하여 부여할 주식의 종류와 수
> ④ 정관으로 제290조 각 호의 사항을 정한 때에는 이사는 이에 관한 조사를 하게 하기 위하여 검사인의 선임을 법원에 청구하여야 한다.
>
> **제299조의 2(현물출자 등의 증명)**
> 제290조 제2호 및 제3호의 규정에 의한 사항과 제295조의 규정에 의한 현물출자의 이행에 관하여는 공인된 감정인의 감정으로 제299조 제1항의 규정에 의한 검사인의 조사에 갈음할 수 있다. 이 경우 공증인 또는 감정인은 조사 또는 감정결과를 법원에 보고하여야 한다.

위의 규정의 핵심은 현물출자의 경우 최대한 객관적으로 진행되는 것을 원하기 때문에 공증인의 조사보고나 공인된 감정인의 감정을 요구하고 있다는 것이다. 실무에서는 주로 공인된 감정인(즉 감정평가사)의 감정을 통해 업무가 진행되고 있다.

2. 법인세법의 규정

법인세법은 앞의 상법과 관계없이 제52조에서 부당행위계산의 부인규정을 두고 있다.

> ① 납세지 관할 세무서장 또는 관할지방국세청장은 내국법인의 행위 또는 소득금액의 계산이 특수관계인과의 거래로 인하여 그 법인의 소득에 대한 조세의 부담을 부당하게 감소시킨 것으로 인정되는 경우에는 그 법인의 행위 또는 소득금액의 계산(이하 "부당행위계산"이라 한다)과 관계없이 그 법인의 각 사업연도의 소득금액을 계산한다.

그리고 이에 대한 구체적인 적용방법은 법령 제88조에서 정하고 있는데, 이를 살펴보면 다음과 같다.

> ① 법 제52조 제1항에서 "조세의 부담을 부당하게 감소시킨 것으로 인정되는 경우"란 다음 각 호의 어느 하나에 해당하는 경우를 말한다.
> 1. 자산을 시가보다 높은 가액으로 매입 또는 현물출자받았거나 그 자산을 과대 상각한 경우
> 2. 무수익 자산을 매입 또는 현물출자받았거나 그 자산에 대한 비용을 부담한 경우
> 3. 자산을 무상 또는 시가보다 낮은 가액으로 양도 또는 현물출자한 경우

위의 내용을 보면 시가보다 높게 또는 낮게 현물출자를 하거나 받는 경우 부당행위로 보아 세법을 적용하도록 하고 있다. 따라서 현물출자를 할 때에는 가격을 어떤 식으로 평가할 것인지가 상당히 중요하다.

참고로 여기서 시가는 건전한 사회 통념 및 상거래 관행과 특수

관계인이 아닌 자 간의 정상적인 거래에서 적용되거나 적용될 것으로 판단되는 가격을 말한다. 구체적인 것은 부록에서 자세히 살펴보자.

3. 적용 사례

다음 사례를 통해 앞의 내용을 알아보자.

〈자료〉
· 기준시가 1억 원
· 주변의 매매사례가액 없음.

Q. 이 경우 기준시가로 현물출자가액을 잡을 수 있는가?

법인세법상에서는 가능하나, 법원에서 감정가액 등을 요구할 수 있기 때문에 현실적으로는 기준시가로 출자하지는 못할 것으로 보인다.

Q. 만일 설립하고자 하는 법인이 유한회사라면 기준시가로 현물출자가액을 잡을 수 있는가?

상법 제544조에서는 유한회사의 경우 현물출자를 하는 자의 성명과 그 목적인 재산의 종류, 수량, 가격과 이에 대해 부여하는 출자좌수 등을 정관에 기재하는 정도만 언급하고 있다. 따라서 이론상 현물출자가액은 기준시가도 가능할 것으로 보이나, 실무적으로는 감정평가액으로 해야 할 것으로 보인다(법무사 등으로부터 확인 요망).

Q. 앞의 자산에 대한 감정가액이 2억 원이라면 재무상태표는 어떻게 될까?

다음과 같이 표시된다.

자산	부채
부동산 2억 원	자본 　자본금 2억 원
합계 2억 원	합계 2억 원

Q. 만일 법인이 매수를 하면 기준시가로 거래할 수 있는가?

비교대상인 가격이 존재하지 않으므로 기준시가로 거래해도 법인세법상 문제가 없다.

Tip 감정평가 실무

실무적으로 현물출자를 할 때에는 객관적인 평가액이 있어야 하므로 대부분 감정평가를 하게 된다. 이 경우 감정평가액이 몇 개 이상이 되어야 하는지 논란이 될 수 있다. 이에 법령 제89에서는 원칙적으로 1개만 있으면 되고, 만약 2 이상의 감정가액이 있는 경우에는 이를 평균하도록 하고 있다.

현물출자에 의해 발생한 세금을 줄이는 방법은?

앞에서 보면 개인이 부동산을 가지고 현물출자를 하면 양도세, 법인에게는 취득세가 부과됨을 알 수 있었다. 그렇다면 이 세금을 줄일 수 있는 방법은 없는가? 있다. 바로 조특법 제32조와 지특법 제57조의 2 제4항에서 정하고 있는 양도세 이월과세와 취득세 감면제도를 활용하면 되기 때문이다. 다만, 최근 세법이 개정되어 주택에 대해서는 이월과세가 적용되지 않고, 부동산 임대업용 부동산은 취득세가 감면되지 않는다. 이러한 점에 유의해 다음 내용을 살펴보자.

1. 양도세 이월과세 _{납부연기}

조특법 제32조에서는 법인전환에 따른 양도세 이월과세를 다음과 같이 정하고 있다. 여기서 이월과세는 향후 법인이 양도할 때 이월된 개인의 양도세를 낸다는 것을 의미한다.

① 거주자가 사업용 고정자산을 현물출자하거나 대통령령으로 정하는 사업 양도·양수의 방법[2]에 따라 법인으로 전환하는 경우 그 사업용 고정자산에 대해서는 이월과세를 적용받을 수 있다. 다만, 해당 사업용 고정자산이 주택 또는 주택을 취득할 수 있는 권리인 경우는 제외한다(2020. 12. 29 단서신설).

② 제1항은 새로 설립되는 법인의 자본금이 대통령령으로 정하는 금액 이상인 경우에만 적용한다.

⑤ 제1항에 따라 설립된 법인의 설립등기일부터 5년 이내에 다음 각 호의 어느 하나에 해당하는 사유가 발생하는 경우에는 제1항을 적용받은 거주자가 사유발생일이 속하는 달의 말일부터 2개월 이내에 제1항에 따른 이월과세액(해당 법인이 이미 납부한 세액을 제외한 금액을 말한다)을 양도세로 납부하여야 한다. 이 경우 사업폐지의 판단기준 등에 관하여 필요한 사항은 대통령령으로 정한다.

1. 제1항에 따라 설립된 법인이 제1항을 적용받은 거주자로부터 승계받은 사업을 폐지하는 경우
2. 제1항을 적용받은 거주자가 법인전환으로 취득한 주식 또는 출자지분의 100분의 50 이상을 처분하는 경우

위의 규정에서 핵심 포인트는 다음과 같다.

첫째, 이 규정은 거주자에게만 적용된다.

둘째, 사업용 고정자산을 현물출자하거나 대통령령으로 정하는 사업 양도·양수의 방법에 따라 법인[3]으로 전환해야 한다.

---

[2] "대통령령으로 정하는 사업 양도·양수의 방법"이란 해당 사업을 영위하던 자가 발기인이 되어 제5항에 따른 금액 이상을 출자하여 법인을 설립하고, 그 법인 설립일부터 3개월 이내에 해당 법인에게 사업에 관한 모든 권리와 의무를 포괄적으로 양도하는 것을 말한다. 위에서 출자는 금전을 의미함에 유의하자.
[3] 대통령령(조특령 제29조 제3항 참조)으로 정하는 소비성서비스업을 경영하는 기업은 제외한다.

여기서 사업용 고정자산이란 재무제표상의 유형자산과 무형자산을 말한다. 따라서 매매용으로 보유하고 있는 재고자산은 해당사항이 없음에 유의하기 바란다. 한편 2020년 7·10대책에 따라 2021년 1월 1일부터 임대용 주택을 사업용 고정자산에서 제외한다. 따라서 임대주택을 현물출자하면 바로 양도세를 내야 한다.

셋째, 설립되는 법인의 자본금이 대통령령으로 정하는 금액 이상인 경우에 해당되어야 한다.
이는 조특령 제29조 제2항에서 다음과 같이 규정되어 있다.

⑤ 법 제32조 제2항에서 "대통령령으로 정하는 금액"이란 사업용 고정자산을 현물출자거나 사업양수도하여 법인으로 전환하는 사업장의 순자산가액으로서 제28조 제1항 제2호의 규정을 준용하여 계산한 금액을 말한다.

따라서 이에 대한 순자산가액(자산에서 부채를 차감한 금액)을 계산하기 위해서는 개인사업체에 대한 결산업무는 반드시 필요하다. 이때 결산은 장부상의 금액만으로 하는 것이 아니라, 세법에서 정하는 방법으로 결산을 진행해야 한다. 다음을 참조하기 바란다.

※ 조특령 제28조 제1항 제2호의 내용 수정

전환일 현재의 시가로 평가한 자산의 합계액에서 충당금을 포함한 부채의 합계액을 공제한 금액을 말한다. 여기서 부채는 사업에 관련된 부채를 말한다. 주의하기 바란다.

이는 개인이 보유하고 있는 자산을 시가로 평가해야 한다는 것을 의미한다. 이러한 이유로 실무에서는 부동산의 경우 감정평가를 받아 일을 진행하는 것이 일반적인 현상이 되고 있다.

2. 취득세 감면

지특법 제57조의 2 제4항에서는 법인전환 시의 취득세 감면에 대해 다음과 같이 정하고 있다.

> ④ 조특법 제32조에 따른 현물출자 또는 사업 양도·양수에 따라 2024년 12월 31일까지 취득하는 사업용 고정자산에 대해서는 취득세의 100분의 75를 경감(한국표준산업분류에 따른 부동산 임대 및 공급업에 대해서는 제외한다)한다. 다만, 취득일부터 5년 이내에 대통령령으로 정하는 정당한 사유 없이 해당 사업을 폐업하거나 해당 재산을 처분(임대를 포함한다) 또는 주식을 처분하는 경우에는 경감받은 취득세를 추징한다.

취득세 감면은 위의 조특법 제32조의 요건을 그대로 준용한다. 다만, 여기서 주의할 것은 2020년 8월 12일 이후에 부동산 임대업용 부동산을 법인전환하면 취득세 감면을 적용하지 않는다는 것이다. 따라서 앞으로 현물출자를 통한 법인전환은 제조업 등 영위 사업장 정도에서만 실익이 있을 것으로 보인다.

3. 적용 사례

다음 사례를 통해 앞의 내용들을 확인해보자.

〈자료〉
· K씨는 현재 임대용 주택(양도차익 2억 원 예상)과 상가 등을 보유 중에 있음.
· K씨는 임대용 주택을 포함해 2주택자에 해당함.

Q. K씨는 2021년 이후에 임대용 주택을 현물출자를 통해 법인에 양도하고자 한다. 이 경우 양도세는 얼마나 나올까? 단, 양도세율은 60%라고 하자.

이 경우 양도세는 2억 원의 60%인 1억 2천만 원이 된다.

Q. 앞의 양도세는 이월과세가 적용되지 않는가?

2021년 1월 1일부터 임대용 주택에 대해서는 더 이상 이월과세가 적용되지 않는다.

Q. K씨는 법인에 주택을 현물출자로 양도하는 후에 남은 주택을 1세대 1주택으로 양도하고자 한다. 이 경우 비과세가 적용되는가?

K씨가 양도나 증여 등을 통해 1세대 1주택이 된 경우 1주택만 남은 날로부터 2년 이상 보유한 후에 양도해야 비과세가 적용되니 주의하기 바란다.

Q. K씨는 상가를 현물출자하고자 한다. 이 경우 양도세 이월과세와 취득세 감면을 받을 수 있는가?

주택 외 상가 등은 양도세 이월과세는 가능하나, 취득세 감면은 적용되지 않는다.

Q. K씨는 주택과 상가에 대한 법인전환의 실익이 있는가?

주택은 양도세 이월과세 및 취득세 감면이 되지 않고, 상가는 이월과세는 가능하나 취득세 감면이 적용되지 않는다. 따라서 이러한 관점에서 보면 임대용 부동산은 법인전환의 실익이 거의 없다고 봐도 무방할 것으로 보인다.

Tip 2020년 7·10대책에 따른 법인전환의 효과

2020년 7·10대책에서는 법인전환에 대한 세제혜택을 대폭 축소시켰다.

구분	개정 내용	시행시기 등
양도세 이월과세	주택/권리에 대해서는 이월과세 대상에서 제외	2021. 1. 1 이후 법인전환분
취득세 감면	2020. 8. 12 이후 취득한 '통계법' 제22조에 따른 부동산 임대업 및 공급업은 취득세 감면 적용배제	2020. 8. 12 이후 법인전환분

2023년 3월 현재, 주택에 대해서는 양도세 이월과세를 적용받을 수 없고, 부동산 임대업 및 공급업자의 법인전환에 대한 취득세 감면도 받을 수 없다. 따라서 부동산 임대업을 제외한 일반 업종(제조업 등)을 영위하면서 보유한 부동산 정도에 대해서만 법인전환의 효과가 발생할 것으로 보인다.

현물출자에 따른 업무절차는?

현물출자는 현금출자와는 달리 재산에 대한 평가과정이 있다. 이 과정에서 공정성을 위해 법원이 개입을 하게 된다. 한편 세법에 의해 세감면을 받은 경우에는 별도의 감면절차를 이행해야 한다. 여기에서는 현물출자에 대한 업무절차를 대략적으로 정리해보자. 자세한 것은 저자의 카페 등으로 문의하기 바란다.

1. 개인기업 결산

- 전환일을 마감일로 해서 결산을 진행(시가로 수정해서 결산을 진행해야 하므로 미리 탁상감정 등을 실시)
- 순자산가액의 확인(해당 금액 이상을 자본으로 출자해야 함. 이때 부채는 사업에 관련된 것만 인정됨)

2. 현물출자계약체결 및 등기 등 진행

- 현물출자계약체결 및 보고서 작성
- 감정평가 실시
- 법원보고(검사인 신청 등)
- 법원검사
- 법인 설립등기 신청
- 취득세 감면 신청
- 등기부등본 수령

3. 세법상의 제반의무 이행

- 법인 설립 신고
- 사업자등록
- 개인, 기업 폐업 신고 등
- 양도세 이월과세 신청

Tip 현물출자에 소요되는 비용[4]

- 결산비용 및 결산확인비용
- 감정평가수수료(통상 2개)
- 법원보고 및 등기수수료
- 부동산 취득세 및 법인자본금 등록면허세
- 양도세 이월과세 신청 등 세무신고 및 세무컨설팅 수수료 등

---

4) 구체적인 것은 저자의 메일이나 카페로 문의해도 된다.

Tip 현물출자계약서

현물출자계약서

갑 : 서울특별시 ○○구 ○○동 ○○번지
  ○○공업사
  대표 : 홍길동(이하 "갑"이라 칭한다)

을 : 서울특별시 ○○구 ○○동 ○○번지
  ○○공업주식회사(설립 중인 회사)
발기인대표 : 홍길동(이하 "을"이라 칭한다)

"갑"이 운영하고 있는 서울특별시 ○○구 ○○동 ○○번지 소재 ○○공업사(이하 "회사"라 칭함)의 사업에 관한 일체의 권리와 의무를 "을"에 포괄적으로 현물출자함에 대해 다음과 같이 계약을 체결한다.

제1조【목적】 본 계약은 "갑"이 운영하고 있는 "회사"의 사업에 관한 일체의 권리와 의무를 "을"에게 포괄적으로 현물출자함으로써 부가가치세법 제6조 제6항의 규정에 의한 사업양도를 하고, 조특법 제32조에 의한 양도세 감면 등과 지특법 제57조의 2에 의한 취득세 감면을 받는 법인전환을 함에 그 목적이 있다.

제2조【사업승계】

제3조【현물출자기준일】 "갑"은 20○○년 12월 31일을 현물출자기준일로 해서 동일 현재의 "갑"의 장부상 자산총액과 부채총액을 현물출자하기로 한다.

제4조【현물출자가액】 현물출자가액은 제3조의 자산총액에서 부채총액을 차감한 잔액의 범위 내에서 검사인이 인정하는 가액으로 하되 자산총액과 부채총액은 장부가액에 불구하고 다음과 같이 수정 평가한다.
① 토지·건물·기계장치 등 유형고정자산과 전화가입권은 한국감정원의 감정가액으로 수정 평가한다.
② 위 ①항을 제외한 자산과 부채는 공인회계사의 감사보고서상 수정금액으로 수정 평가한다.

제5조【현물출자에 대해 발행할 주식의 종류와 수】 "을"은 제4조에서 정한 방법에 의해 계산된 금액에 상당하는 액면의 보통주식을 "갑"에게 발행하기로 한다.

제6조【종업원인계】 "을"은 "갑"의 전 종업원을 신규채용에 의해 전원인수, 계속 근무하게 하기로 한다.

제7조【현물출자계약의 효력】 이 계약은 20○○년 1월 1일에 효력이 발생한다. 따라서 "갑"은 20○○년 12월 31일을 사업양도에 따른 폐업일로 하는 폐업신고를 해야 하며, "을"은 설립등기일 전이라도 20○○년 1월 1일을 개업일로 하는 사업자등록신청을 하고 19○○년 1월 1일부터 "을"의 계산에 의한 사업을 영위하도록 한다.

제8조【협조의무】 "갑"은 "을"의 설립등기 및 사업수행에 필요한 일체의 협조를 해야 한다.

제9조【기타】

20○○년 ○○월 ○○일

갑 : 서울특별시 ○○구 ○○동 ○○번지
　　○○공업사
　　대표 : 홍길동 (인)

을 : 서울특별시 ○○구 ○○동 ○○번지
　　○○공업주식회사(설립 중인 회사)
　　발기인대표 : 홍길동 (인)

| 심층분석 | 현물출자에 의한 법인 설립 관련 Q&A

현물출자로 법인을 설립할 때 궁금한 내용들을 Q&A로 정리해보자.

Q. 현물출자로 법인전환 시 양도세가 발생할 수 있다. 이때 요건을 갖춘 부동산은 이월과세가 적용 가능하나 주택은 제외되었다. 그 이유는?

2020년 7·10대책에 따라 2021년 1월 1일부터 주택을 사업용 고정자산에서 제외했기 때문이다.

Q. 현물출자로 법인전환 시 취득세가 발생할 수 있다. 그런데 부동산 임대업은 취득세 감면대상에서 제외한다. 왜 그런가?

역시 2020년 7·10대책에 따라 2020년 8월 12일부터 부동산 임대업을 취득세 감면 적용대상에서 제외했기 때문이다.

Q. 빌딩임대자가 법인전환을 하면 어떤 세제혜택을 받을 수 있는가?

양도세 이월과세는 적용받을 수 있으나 정작 중요한 취득세 감면은 받을 수 없다.

Q. 그렇다면 앞으로 현물출자에 따른 법인전환 시 세제혜택은 어떤 유형에 적용 가능한가?

주로 제조업 등을 영위하면서 사용하고 있는 사업용 부동산 정도에서만 세제혜택이 주어질 것으로 보인다.

다음의 내용은 현물출자의 실익이 있어 이를 실행할 때 알아두면 좋을 내용들이다.

Q. 현물출자과정에서 대출이 승계가 안 되면 어떻게 되는가?

대출을 미리 갚고 나머지 순자산가액을 기준으로 현물출자를 할 수 있다. 참고로 사업양수도의 방법인 경우에는 부채도 포괄적으로 승계를 해야 한다. 다만, 가사용 부채는 제외해야 한다.

Q. 현물출자에 의한 법인전환은 얼마나 시간이 걸리는가?

통상 2~3개월 정도 소요된다고 보면 된다.

Q. 양도세 이월과세의 납세의무자와 납부의무자는?

법인전환에 의해 이월과세를 받은 양도세는 이월과세를 받은 양도자가 부담하는 것이나, 이의 납부의무자는 향후 이를 양도한 법인에 있다.

Q. 이월과세액은 어떻게 반영되어 납부되는가?

법인이 이를 양도할 때 법인세 신고서에 반영해서 납부를 해야 한다.

Q. 법인이 이월과세로 받은 부동산을 양도했으나 양도차손이 발생하면?

양도차손은 법인에게 귀속한다. 즉 당초 확정된 이월과세액은 개인이 부담해야 한다.

Q. 법인전환 후 5년 내에 해당 부동산을 양도하면 어떻게 되는가?

양도세를 내야 하는 한편, 취득세도 추징될 수 있다.

Tip 부동산 거래와 법인의 유형

부동산을 거래할 때 필요한 법인은 다음과 같이 설립 등을 할 수 있다.

· 현금출자로 법인을 설립
· 현물출자로 법인을 설립
· 기존법인의 주식을 인수(휴면법인[5] 인수는 주의해야 함)
· 기존법인을 활용하는 방법

이들 네 가지 방법은 장단점이 있으므로 사전에 주의해야 한다. 자세한 내용은 저자의 《법인 부동산 세무리스크 관리노하우》를 참조하기 바란다.

---

5) 해산법인, 해산간주법인, 폐업법인, 법인 인수일 이전 2년 이상 사업 실적이 없고, 인수일 전후 1년 이내에 인수법인 임원의 100분의 50 이상을 교체한 법인 등을 말한다.

1인 부동산 법인의 자금관리법

1인 부동산 법인의 자금조달은 어떻게 해야 할까?

　법인의 자금조달과 그 운영은 설립 전이나 후에도 상당히 중요한 이슈에 해당한다. 자금흐름이 원활하지 않으면 법인이 운영되지 않기 때문이다. 그래서 규모가 크든, 작든 법인의 자금관리는 매우 중요하다. 그런데 여기서 자금은 크게 자본금과 부채로 이뤄진다. 자본금은 주주들이 출자한 돈, 부채는 빚을 말한다. 이 둘을 묶어서 회계학에서는 '자본'이라고 한다. 따라서 자본은 크게 자기자본과 타인자본으로 구성이 되는 것이다. 여기에서는 1인 부동산 법인의 운영 중 자금관리법에 대해 알아보자.

1. 자본금

　이는 주주들이 낸 출자금을 말한다. 이 자본금은 통상 법인 설립 초기나 사업연도 중에 납입하며, 이 출자의 대가로 주식을 인수하게 된다. 여기서 출자는 현금이나 현물로도 가능한데, 현물의 경우 자본금이 부실화될 수 있으므로 법원이 이에 대해 관여를 하게 된다. 현물출자에 의한 법인전환의 경우가 이에 해당한다. 참고로 이러한 출자과정에서 주주 간에 변칙증여가 일어나면 이익을 본 주주에게 증여세가 과세되기도 한다.

2. 부채

부채는 갚아야 할 채무, 즉 한마디로 갚아야 할 빚에 해당한다. 그런데 이 빚의 원천은 세 가지 형태가 되는데, 이의 관리가 서툴면 향후 다양한 문제가 발생한다.

1) 금융기관으로부터의 차입

금융기관으로부터 차입한 돈은 법인의 부채에 해당되고, 이에 대한 지급이자도 대부분 법인의 비용으로 인정된다. 이의 입증수단으로는 채무계약서와 이자지급내역서 등이 있다. 법인이 은행에 이자를 지급할 때에는 원천징수 의무가 없다.[1]

2) 대표이사 등 특수관계인으로부터의 차입

금융권에서 자금을 조달하지 못하면 나머지는 개인차입에 의존해야 한다. 그런데 이러한 차입금을 법인의 주주나 대표이사에게

---

[1] 법인의 대출제도에 대해서는 각 금융기관을 통해 알아보기 바란다.

의존하는 경우가 있다. 그렇다면 이러한 차입금도 법인의 입장에서는 차입금에 해당할까?

당연하다. 법인의 입장에서는 당연히 갚아야 할 채무에 해당하기 때문이다. 실무에서는 개인으로부터 빌려온 돈을 '가수금'이라고 부르지만, 차입금으로 부르는 것이 회계상 용어에 가깝다.

그런데 여기서 이자를 지급할 때 주의할 것이 있다. 법인이 개인에게 이자를 지급할 때에는 지급금액의 25%(지방소득세 포함 시 27.5%)를 원천징수해야 하기 때문이다. 한편 차입에 대한 사실은 차입약정서를 통해 입증이 되는 것이 사후적으로 좋다. 사례를 통해 이 부분을 확인해보자.

〈자료〉
· A법인의 대표이사는 해당 법인에 1억 원을 대여함.
· 이후 대표이사는 이자를 수령하지 않고 1억 원을 회수했음.

Q. 대표이사가 이자를 수령하지 않는 데에 따른 세법상의 불이익은?

없다. 소득세법에서는 이자소득에 대해서는 부당행위계산의 부인규정을 적용하지 않기 때문이다. 법인의 입장에서는 이자의 미지급으로 인해 법인의 이익이 증가되므로 법인세가 증가하게 된다. 그렇다면 법인의 주주에게는 문제가 없을까? 이에 대해서는 잠시 뒤에 살펴보자.

Q. 대표이사는 이자수령 대신 어떤 식으로 소득을 받을 수 있을까?

대표이사는 이자 대신 급여나 상여 또는 퇴직급여 등의 명목으로 소득을 지급받을 수 있다. 만일 출자임원에 해당하면 배당소득도 받을 수 있다.

Q. 대표이사는 이자를 받는 것이 좋을까? 받지 않는 것이 좋을까?

이자를 받게 되면 원천징수와 금융소득 종합과세[2]를 적용받게 된다. 하지만 다른 소득을 받게 되면 근로소득세 등이 부과된다. 따라서 둘 중 어떤 것이 좋을지는 정교하게 분석해봐야 한다.

3) 제3자로부터의 차입

이는 공동 투자자 또는 지인 등을 통해 차입한 경우를 말한다. 전자의 경우에는 투자 약정서에 따라 자금을 유치하되 이익을 배당하는 형태에 해당한다. 이때 이익에 대해 배당할 때에는 이자소득으로 분류해 지급금액의 27.5%만큼 원천징수를 해야 한다. 한편 지인 등에게 빌린 돈도 차입금이며, 이에 대해 이자를 지급하면 역시 앞의 세율만큼 원천징수를 해야 한다. 그런데 여기서 한 가지 주의할 점은 해당 채권자의 신원이 확인되지 않으면 지급한 이자는 법인의 비용으로 인정되지 않는다는 것이다.[3]

---

2) 금융소득과 다른 소득을 합해 6~45%로 과세하는 제도를 말한다.
3) 법인세법 제27조 제1항을 참조할 것.

Tip 타인명의 차입금에 대한 세법의 취급

① 차입금의 명의인과 실질적인 차용인이 다른 경우에는 실질적인 차용인의 차입금으로 한다.

② 제1항의 실질적인 차용인은 금전대차계약의 체결, 담보의 제공, 차입금의 수령, 각종 비용의 부담 등 차입에 관한 업무의 실질적인 행위내용과 차입한 금액의 용도 등을 기준으로 판단한다. 이 경우 차입금을 분할한 경우에는 차입한 금액의 전부 또는 일부를 타인에게 다시 대여한 것으로 인정되는 경우에 한해 당해 차입금 총액을 당초 차용인의 차입금으로 한다.

참고로 부모 등의 자금을 차입해 개발이익 등을 얻으면 이익 중 일부에 대해 증여세가 과세될 수 있다. 상속세 및 증여세법 제42조의3에서는 아래와 같은 규정을 두고 있다.

직업, 연령, 소득 및 재산상태로 보아 자력(自力)으로 해당 행위를 할 수 없다고 인정되는 자가 다음 각 호의 사유로 재산을 취득하고 그 재산을 취득한 날부터 5년 이내에 개발사업의 시행, 형질변경, 공유물(共有物) 분할, 사업의 인가·허가 등 대통령령으로 정하는 사유(재산가치증가사유)로 인하여 이익을 얻은 경우에는 그 이익에 상당하는 금액을 그 이익을 얻은 자의 증여재산가액으로 한다. 다만, 그 이익에 상당하는 금액이 대통령령으로 정하는 기준금액 미만인 경우는 제외한다(2015. 12. 15 신설).

법인 설립 시에 만들어야 하는 재무제표는?

법인 설립 시에 법인의 재무상황을 이해하는 것은 향후 법인의 운영에 있어 매우 중요한 역할을 한다. 일단 다음의 표를 보자.

자산	부채
	자본
합계	합계

이 표를 회계학에서는 재무상태표 또는 대차대조표라고 부른다. 왼쪽 란의 자산은 가치가 있는 현금이나 부동산 등을 말하며, 부채는 채무, 자본은 출자자들의 돈을 말한다. 따라서 자산이 5천만 원 있다면, 이 돈의 원천은 부채와 자본의 합이 된다.

1. 자본금 1천만 원으로 법인을 설립하는 경우

이 경우에는 다음과 같이 재무상태표가 만들어진다.

자산 현금 1천만 원	부채 자본 　자본금 1천만 원
합계 1천만 원	합계 1천만 원

2. 부동산을 외부로부터 구입하는 경우

부동산을 외부로부터 3억 원에 구입하는 경우의 재무상태표의 변화를 보자.

자산 부동산 3억 원	부채 　차입금 2.9억 원 자본 　자본금 1천만 원
합계 3억 원	합계 3억 원

여기에서 차입금은 은행권으로부터 올 수 있고, 개인으로부터 올 수도 있다. 후자의 경우를 실무에서는 '가수금'이라고 부르기도 한다.

3. 부동산을 대표이사로부터 구입하는 경우

부동산을 대표이사 등으로부터 3억 원에 구입하는 경우의 재무상태표의 변화를 보자.

자산	부채
부동산 3억 원	차입금 2.9억 원
	자본
	자본금 1천만 원
합계 3억 원	합계 3억 원

재무상태표의 모양새가 앞의 경우와 같다. 그런데 이 차입금은 외부로부터 구입하는 경우와 비교해볼 때 갚지 않고 미지급 상태로 놔둘 수도 있다. 개인 입장에서 바로 회수해야 할 대금이 법인이 부동산을 처분할 때까지 유예가 되는 셈인데, 이에 대해 세법은 문제가 없을까? 이에 대해서는 잠시 뒤에 살펴보자.

Tip 개시재무상태표

법인 설립 시에는 다음과 같은 개시재무상태표를 만드는 것이 일반적이다. 법인의 은행이나 각종 기관에 이를 제출하는 경우가 많기 때문이다. 또는 내부관리를 위해서라도 이를 작성하는 경우도 많다.

개시재무상태표

제1기 년 월 일 현재
회사명 _____ 주식회사 (단위 : 원)

과목	제1기
	금액
자산	
Ⅰ. 유동자산	
1) 당좌자산	
(1) 현금 및 현금등가물	
2) 재고자산	
Ⅱ. 비유동자산	
1) 투자 자산	
(1) 보증금	
2) 유형자산	
(1) 비품 등	
자산 총계	
부채	
Ⅰ. 유동부채	
1) 단기차입금	
Ⅱ. 비유동부채	
부채 총계	
자본	
Ⅰ. 자본금	
1) 보통주자본금	
Ⅱ. 자본잉여금	
Ⅲ. 이익잉여금	
자본 총계	
부채와 자본 총계	

※ 저자 주
법인의 세무는 기업회계기준을 근간으로 상법, 법인세법, 소득세, 상증법 등이 결합되어 그 복잡성이 다른 세목에 비해 상당히 복잡하다. 따라서 초보자의 입장에서 법인의 세무를 잘 다루고 싶다면 이러한 관계를 잘 이해할 필요가 있다.

가수금은 어떻게 관리해야 할까?

개인, 특히 대표이사로부터 법인이 자금을 대여받으면 이는 법인의 입장에서 차입금에 해당한다. 그런데 이러한 차입금은 금융기관처럼 일정한 절차에 따라 이자가 수수되고 상환되는 것이 아니라, 수시로 차입과 상환이 반복될 수 있다. 그래서 실무에서는 이러한 차입금을 통상의 차입금과 구별해 '가수금'이라는 명칭을 사용하고 있다. 가수금에 대한 관리법을 알아보자.

1. 가수금 차입

법인이 대표이사로부터 차입한 금액은 다음과 같이 관리한다. 물론 이러한 가수금은 별도로 입출금관리가 되어야 한다.

① **차입 시**

(차변) 현금 ××× (대변) 가수금 ×××

② **연말 결산 시**

(차변) 가수금 ××× (대변) 차입금 ×××

2. 가수금에 대한 이자지급

앞의 대표이사에게 차입금에 대한 이자를 지급하는 경우에는 세무처리에 주의해야 한다.

1) 이자를 세법상의 이자보다 높게 지급하는 경우

법인이 세법에서 정하고 있는 이자기준보다 높게 지급하는 경우가 있다. 이 경우 어떤 문제가 있을까?

이러한 문제에 대한 해답을 얻기 위해서는 법 규정을 정확히 이해하고 적용할 수 있어야 하는데 순차적으로 알아보자.

첫째, 세법상의 이자는 무엇을 의미할까?

법인세법 시행령(법령) 제89조 제6항에서는 금전의 대여 또는 차용을 하는 경우에는 다음과 같이 정해진 이자를 시가로 한다.

③ 제88조 제1항 제6호 및 제7호에 따른 금전의 대여 또는 차용의 경우에는 제1항 및 제2항에도 불구하고 기획재정부령으로 정하는 가중평균차입이자율[4]을 시가로 한다. 다만, 다음 각 호의 경우에는 해당 각 호의 구분에 따라 기획재정부령으로 정하는 당좌대출이자율을 시가로 한다.

1. 가중평균차입이자율의 적용이 불가능한 경우로서 기획재정부령으로 정하는 사유가 있는 경우 : 해당 대여금 또는 차입금에 한정하여 당좌대출이자율을 시가로 한다.

1의 2. 대여기간이 5년을 초과하는 대여금이 있는 경우 등 기획재정부령으로 정하는 경우 : 해당 대여금 또는 차입금에 한정하여 당좌대출이자율을 시가로 한다.

2. 해당 법인이 법 제60조에 따른 신고와 함께 기획재정부령으로 정하는 바에 따라 당좌대출이자율을 시가로 선택하는 경우 : 당좌대출이자율을 시가로 하여 선택한 사업연도와 이후 2개 사업연도는 당좌대출이자율을 시가로 한다.

실무에서는 위의 제3호에 따라 보통 4.6%로 고시되어 있는 당좌대출이자율을 세법상의 시가로 사용하고 있다. 참고로 당좌대출이자율은 수시로 변경될 수 있다.

둘째, 고율의 이자를 지급하는 법인은 어떤 불이익을 받을까?
법인의 특수관계인이 대표이사에게 고율로 이자를 지급하면 이는 법인의 입장에서 보면 부당행위에 해당하므로 시가를 초과해 지급한 이자는 비용으로 인정하지 않고, 해당 금액을 대표이사에 대한 상여로 소득처분을 한다.

---

[4] 자금을 대여한 법인의 대여시점 현재 각각의 차입금 잔액(특수관계인으로부터의 차입금은 제외한다)에 차입 당시의 각각의 이자율을 곱한 금액의 합계액을 해당 차입금 잔액의 총액으로 나눈 비율을 말한다.

셋째, 고율의 이자를 받은 대표이사는 어떤 문제가 있을까?

이자를 받은 대표이사는 이자소득이 발생했으므로 소득세를 부담하게 된다.

2) 이자를 세법상의 이자보다 적게 지급하거나 무상으로 사용하는 경우

① 해당 법인의 경우

이자를 세법상의 이자보다 적게 지급하거나 무상으로 자금을 사용하더라도 법인의 입장에서는 문제가 없다. 그만큼 이익이 증가되어 법인세가 늘어나기 때문이다.

② 해당 법인 대표이사의 경우

이자를 적게 또는 안 받은 대표이사도 문제는 없다. 소득세법 제41조 부당행위계산의 부인규정에서는 배당소득(제17조 제1항 제8호에 따른 배당소득만 해당한다), 사업소득 또는 기타소득에 대해서만 문제를 삼기 때문이다.

③ 해당 법인 주주의 경우

해당 법인의 주주는 경제적 이익을 얻었으므로 증여세 과세문제가 발생한다. 이에 대한 자세한 내용은 상증법 제45조의 5를 참조해야 하는데, 이의 내용을 요약하면 다음과 같다.

- 특정 법인 주주 또는 그 주주의 특수관계인이 그 법인에게 재산 또는 용역을 무상으로 제공하거나 낮은 이자율 등으로 제공할 것
- 이익은 아래와 같이 계산할 것
  - 무상대출한 경우 : 대출금액 × 4.6%
  - 낮은 이자율로 대출한 경우 : (대출금액 × 4.6%) − 실제 지급한 이자
- 위 이익이 1년간 1억 원 이상을 넘을 것[5]

3. 가수금 상환

가수금에 해당하는 차입금은 언제든지 상환해도 된다. 참고로 이러한 가수금은 자본금으로 전입해도 상법이나 세법상 문제가 없다.

4. 적용 사례

K법인의 12월 31일 현재, 재무상태표상의 자산과 부채 현황은 다음과 같다.

구분		금액	비고
자산	유동자산	10억 원	
	비유동자산		
부채	유동부채	10억 원	· 가수금 1억 원 포함(원인 불명)
	비유동부채		

---

5) 1억 원은 주주 개인별로 적용한다. 따라서 이 규정은 거의 무의미한 것으로 평가된다.

Q. K법인이 안고 있는 세무상 문제점은 무엇인가?

입금이 되었으나 이의 발생원인이 불명이므로 매출누락의 가능성도 있다. 만일 매출누락으로 확인된 경우에는 과소신고가산세(10% 또는 40%) 등을 피할 수 없게 된다.

Q. 앞의 가수금은 대표이사로부터 빌린 것이라고 하자. 이자를 지급해야 하는가?

원칙적으로 지급하는 것이 맞다. 하지만 이를 지급하지 않아도 소득세법상은 문제가 없지만 상증법상 주주에게 증여세가 부과될 수 있다.

Tip 대여금약정서 샘플

대여금 약정서

'갑'　법인명 : 주식회사
(대여인) 주소 :
　　　　대표이사 :
　　　　사업자등록번호 :

'을'　성명 :
(차입인) 주소 :
　　　　주민등록번호 :

1. 대여금액 : 금　　　　　원정(₩　　　　)
2. 대여목적 : 일시대여금(　　　　　)
3. 대여일자 :　　년　　월　　일
4. 상환일자 :　　년　　월　　일(단, 사정에 따라 금액 분할 및 날짜를 합의해 변경할 수 있다.)
5. 대여금이자 : 매년 세법에서 정하는 이자율[6]에 의해 '을'(　　　)은 '갑'(　　　)에게 지급해야 한다(단, 사정에 따라 지급률을 변경 및 유보할 수 있다).

상기와 같이 '갑'(　　　)는 '을'(　　　)에게 (금　　　원정)을 대여하고 상기 사항을 준수해 상환할 것을 약정함.

20　년　　월　　일

'갑' 주식회사
(대여인) 대표이사　　　(인)

'을' 성명　　　(인)
(차입인)

---

6) 통상 4.6%를 말한다.

잔금을 장기 미지급하면 문제가 없을까?

　법인이 부동산을 구입할 때에는 매도자가 누구든지 간에 매매계약서를 작성하게 된다. 그리고 매수인은 계약한 대로 대금을 치르게 된다. 그런데 거래 상대방이 해당 법인과 특수관계인에 해당하면 실제 자금이 오고가지 않는 경우도 많다. 일단 법인에게 부동산을 넘기고 법인이 처분한 후 이를 회수하는 방식으로 거래를 하기 때문이다. 그렇다면 이러한 거래방식은 문제가 없을까? 다음 사례를 통해 이에 대한 궁금증을 풀어보자.

〈자료〉
· 계약금 : 1천만 원
· 중도금 : 없음.
· 잔금 : 10억 원
※ 특약 : 잔금은 향후 법인이 처분할 때 회수하기로 함.

Q. 이 거래방식은 사법상 문제가 없는가?

계약을 이런 식으로 체결했다고 해서 특별히 이를 부인할 이유는 없다.

Q. 법인은 어떤 식으로 회계기록을 할까?

차변에는 부동산 구입가격을 자산으로 기록하고, 대변에는 현금 1천만 원과 미지급금 10억 원을 기록하게 될 것이다. 여기서 미지급금은 앞으로 갚아야 할 채무를 말하므로 차입금에 해당한다.

Q. 이 미지급금에 대해 세법은 어떤 식으로 관여할까?

법인의 입장에서는 아무런 불이익이 없다. 그리고 이 자금을 뒤늦게 받는 개인에게도 불이익이 없다. 하지만 이러한 거래로 인해 이익을 본 사람이 있으니 바로 해당 법인의 주주가 그렇다. 따라서 이에 대해서는 상증법 제45조의 5 규정을 적용해 증여세를 부과할 수 있다.

Q. 이 경우 주주에게 증여세가 부과될까?

일단 주주가 얻는 이익을 계산해보자. 10억 원의 4.6%를 곱하면 4,600만 원이 된다. 하지만 이 정도의 이익 가지고는 증여세를 부과하지 않는다. 세법은 이 이익이 개인별로 1억 원 이상인 경우 증여세를 과세한다고 하고 있기 때문이다.

Q. 앞의 사례를 통해 얻을 수 있는 결론은?

대표이사 등이 무상으로 대여한 자금에 대해서는 대규모 자금이 아니라면 세법상 문제는 없다고 결론 내릴 수 있다.

가지급금이 발생하면 어떤 불이익이 있을까?

대표이사 등이 법인의 자금을 무분별하게 꺼내 쓰면 상법이나 형법 등에서 문제를 삼는 경우가 많다. 물론 세법에서도 이 같은 행위에 대해 문제를 삼는다. 구체적으로 법인의 통장에서 쓴 돈을 제대로 정리하지 않으면 '가지급금'으로 보고, 이에 대한 이자를 법인 및 개인의 소득으로 보아 과세를 한다. 이에 대한 세무상 쟁점들을 정리해보자.

1. 가지급금이 발생하는 이유

가지급금은 자금이 지출이 되었지만 거래의 내용이 불분명하거나 거래 과정이 확정되지 않았을 때 사용하는 임시계정과목을 의미한다. 따라서 결산 시 그 내역을 확인해 다음과 같이 적정한 계정과목으로 대체해야 한다.

① 대여 시
(차변) 가지급금 ××× (대변) 현금 ×××

② 연말 결산 시
(차변) 주주임원종업원단기대여금 ××× (대변) 가지급금 ×××

2. 가지급금에 대한 세법상의 불이익

1) 업무와 관련된 가지급금

가지급금이 업무와 관련해 발생한 경우에는 정당한 것으로 보아 규제하지 않는다. 다음과 같은 것들이 이에 해당한다.

· 대표자에게 상여처분한 금액에 대한 소득세를 법인이 납부하고, 이를 가지급금으로 계상한 금액(특수관계가 소멸될 때까지의 기간에 상당하는 금액에 한한다)
· 직원에 대한 월정급여액의 범위에서의 일시적인 급료의 가불금
· 직원에 대한 경조사비 또는 학자금(자녀의 학자금을 포함한다)의 대여액
· 중소기업에 근무하는 직원(지배주주등인 직원은 제외한다)에 대한 주택구입 또는 전세자금의 대여액 등

2) 업무와 관련 없는 가지급금

 법인의 자금이 해당 법인과 특수관계에 있는 자(임직원, 주주, 관계회사 등)에게 대여되면 이를 업무무관 가지급금으로 보아 세법상 인정이자(4.6%)만큼 법인의 익금으로 처리하고, 해당 금액을 대표이사 등의 상여로 처분한다. 이 외에도 가지급금을 업무무관자산으로 보아 지급이자 손금불산입규정을 추가로 적용한다.[7]

3. 가지급금 적용 사례

 K법인의 12월 31일 현재, 재무상태표상의 자산과 부채 현황은 다음과 같다.

구분		금액	비고
자산	유동자산	10억 원	· 업무무관 가지급금 3억 원 포함함. · 가지급금 미수이자는 계상하지 않았음.
	비유동자산		
부채	유동부채	10억 원	
	비유동부채		

---

[7] 손금이란 법인세법상 손비로 인정되는 금액을 말한다. 반면 익금은 법인세법상 수익으로 인정되는 금액을 말한다. 이들은 법인세법에서 사용하고 있는 용어에 해당한다.

Q. K법인이 안고 있는 세무상 문제점은 무엇인가?

K법인의 유동자산에는 업무무관 가지급금 3억 원이 포함되어 있다. 이 업무무관 가지급금에 대해서는 세법상 인정이자를 계산해서 결산 시 반영하거나 세무조정을 통해 해당 이자만큼 익금산입하고, 상여로 처분하는 식으로 세무처리를 해야 한다. 그 결과 법인과 개인의 세금이 증가할 가능성이 높다.

Q. 이 문제점을 해결할 수 있는 방법은?

가지급금이 발생하면 즉각적으로 해당 금액을 입금하는 것이 좋다. 이게 여의치 않으면 미리 4.6% 상당액의 이자를 받기로 약정하고, 결산 때 이를 이자수익으로 계상하는 것이 좋다. 이렇게 해두면 당장 대표이사 등에 대한 상여처분은 면할 수 있다.

Tip 가지급금에 대한 인정이자의 처분

- 출자자(출자임원 제외) ················· 배당
- 사용인(임원 포함) ····················· 상여
- 법인 또는 사업을 영위하는 개인 ········ 기타 사외유출
- 이 외의 개인 ························· 기타 소득

자금 인출 시 계정과목명과 영수증의 계가 맞아야 문제가 없는 이유는?

　법인이 자금을 인출할 때에는 통장의 출금액과 계정과목명, 그리고 이를 뒷받침할 수 있는 영수증이나 증빙서류가 일치해야 한다. 이에 대한 업무를 등한시하다 보면 과세관청으로부터 세무간섭을 받을 수 있다. 다음 서식은 이러한 관점에서 중요하다. 과세관청에서는 이를 제출받아 사후검증 등의 용도로 사용하기 때문이다. 다만, 현재는 직전 연도 매출액이 30억 원이 넘는 법인에게 의무적으로 이를 제출하도록 하고 있으므로 소규모 법인은 관련이 없다.[8]

---

8) 향후 언제라도 가산세가 도입될 가능성이 높다.

1. 표준대차대조표 계정과목별 지출증명서류 수취금액

계정과목			지출증명서류 수취금액						⑩ 차이[9] (③-④)
① 코드	② 과목명	③ 금액	④ 계 (⑤+⑥+⑦ +⑧+⑨)	신용카드		⑦ 현금영수증	⑧ 세금계산서	⑨ 계산서	
				⑤ 법인	⑥ 개인				
	⑪ 소 계								

2. 표준손익계산서 계정과목별 지출증명서류 수취금액

계정과목			지출증명서류 수취금액						㉑ 차이 (⑭-⑮)
⑫ 코드	⑬ 과목명	⑭ 금액	⑮ 계 (⑯+⑰+⑱ +⑲+⑳)	신용카드		⑱ 현금영수증	⑲ 세금계산서	⑳ 계산서	
				⑯ 법인	⑰ 개인				
	㉒ 소 계								

---

9) 이 차이액이 커질수록 가공경비 등의 계상확률이 높아진다고 간주될 수 있다.

기타 법인 자금과 관련해서 궁금한 사항들은?

법인의 자금관리는 매우 중요한 사항이다. 법인의 자금사용과 관련해 궁금한 사항들을 Q&A로 정리해보자.

Q. 개인계좌도 동시에 사용할 수 있는가?

그럴 수도 있다. 하지만 향후 조사 시 문제가 될 수 있으므로 가급적 법인계좌만을 이용하도록 한다.

Q. 계좌이체 시 거래내역은 별도로 확인해둬야 하는가?

그렇게 해두는 것이 좋다. 예를 들어 ○○월 ○○일 100만 원이 출금된 경우, 이에 대한 기록을 엑셀로 정리해두거나 통장에 직접 기입해두면 향후 자금소명 시 시간이 절약된다.

Q. 법인카드로 사용해도 되는 것들과 하면 안 되는 것들은?

법인카드의 사용에는 제한이 없으나, 업무와 무관하게 지출한 경우에는 향후 문제가 될 수 있다. 다음의 팁을 참조하기 바란다.

Q. 개인카드로 비용 처리할 수 있을까?

개인카드도 업무를 위해 사용할 수 있다. 다만, 접대비(최근 기업업무추진비로 변경됨)는 무조건 법인카드로만 지출해야 한다.

Q. 카드 영수증은 꼬박꼬박 모아야 할까?

부가가치세 환급을 위해서는 낱개로 모아두는 것이 편리하지만, 부가가치세 환급이 없다면 모으지 않아도 된다. 자세한 것은 담당 세무사와 상의하기 바란다.

Q. 상품권은 어떻게 구입해야 하나?

법인의 경우 법인카드로 구입해야 한다. 상품권 구입금액이 과다한 경우 향후 이에 대한 사용처를 소명해야 할 수 있으므로 주의해야 한다.

Q. 지출을 했지만 영수증이 없는 경우에는 어떻게 해야 할까?

지출이 업무와 관련된 것이면 이를 입증하면 되므로 비용 처리는 할 수 있다. 다만, 증빙미수취에 따른 가산세 2%는 피할 수 없다.

Tip 신용카드 및 상품권 등 사용내역 검토서식

과세관청은 각 회사가 결제한 신용카드 등의 내용을 분석해 법인세 신고 전에 이에 관한 정보를 제공하고 있다. 이는 각 회사가 사용한 카드 내용을 과세관청이 예의주시하고 있음을 의미한다. 따라서 평소에 불필요한 지출을 삼가는 것이 세무 위험을 줄이는 지름길이 됨을 알 수 있다.

1. 계정과목별 신용카드 사적사용 여부 검토

(단위 : 원)

사용 내역			사적사용 여부 검토				적정 여부
사용 일자	계정 과목	금액	귀속자	사용 내용	금액	사용 구분	
2022. 7. 20	교통여비	2,300,000	대표자	국외출장	1,000,000	⑧	○
			대표자	면세점 지출	1,300,000	④	×
	소계						

* 사용구분
① 쇼핑몰 구입 ② 신변잡화 구입 ③ 가정용품 구입 ④ 업무무관 경비 지출
⑤ 개인적 치료 이용 ⑥ 공휴일 사용 ⑦ 기타 사유 ⑧ 업무 관련(정상)

※ 저자 주
법인이 쓴 카드의 금액이 과다하거나 품목이 위와 같이 되어 있는 경우에는 사후검증이나 세무조사의 대상이 될 수 있음에 유의해야 한다.

2. 상품권·기프트카드·선불카드 등 사용금액 적정 여부 검토

(단위 : 원)

사용 내역			수령자 검토					적정 여부
사용 일자	계정 과목	금액	수령자 소명가능	성명	구분	직책	금액	
2022. 9. 20	복리후생비	1,000,000	가능	김상무	④	대리	1,000,000	×
2022. 10. 2	복리후생비	500,000	가능	이직원	②	인턴	500,000	○
	소계							

* 수령자 구분 항목
① 임원 ② 직원 ③ 주주 ④ 거래처 ⑤ 고객 ⑥ 기타

※ 저자 주
법인이 구입한 상품권이 과다한 경우에는 사후검증이나 세무조사의 대상이 될 수 있다. 과세관청에서는 상품권의 수령자를 밝히지 못한 경우에는 해당 금액을 법인의 익금으로 보아 법인세를 과세하는 한편, 대표이사의 상여로 보아 소득세를 부과한다.

| **심층분석 ①** | 1인 부동산 법인의 증빙수취법

부동산 법인들은 대가를 지급할 때 법에서 정하고 있는 증빙을 수취해야 한다. 이에 대한 의무를 제대로 이행하지 않으면 가산세 등이 부과되는데 이와 관련해 살펴보자.

1. 적격영수증의 종류
세법에서 정하고 있는 적격영수증(정규영수증, 법정영수증)은 다음과 같다.

1) 세금계산서
'세금계산서'란 사업자가 재화나 용역을 공급할 때에 부가가치세를 거래징수하고, 이를 증명하기 위해 공급받는 자에게 발행하는 증빙서류다.

2) 계산서
계산서는 부가가치세 면세사업자(면세품목을 취급하는 사업자)가 발행하는 영수증이다. 부가가치세가 면세되므로 공급가액만 기재된다.

3) 신용카드 매출전표(현금영수증 포함)
신용카드 매출전표(월별 이용대금명세서 포함)는 대금의 수수에 관한 영수증에 불과하지만, 과세자료로 활용이 가능하므로 정규영수증의 하나로 인정하는 것이다. 이에는 현금영수증도 포함된다.

2. 사업자의 증빙수취법

개인·법인사업자는 사업과 관련해 사업자로부터 재화나 용역을 공급받고 그 대가를 지출한 경우에 그 거래금액이 3만 원을 초과하는 경우에는 정규영수증을 수취해야 한다. 만약 사업자가 정규영수증을 수취하지 않은 경우에는 증빙불비가산세를 부과한다.

1) 정규영수증을 받아야 하는 거래

정규영수증을 받기 위해서는 다음과 같은 요건을 동시에 충족해야 한다.

① 사업자와의 거래일 것

정규영수증 수취의무는 거래 상대방이 사업자인 경우에만 적용된다. 따라서 거래 상대방이 비사업자인 경우에는 정규영수증을 수취할 수 없기 때문에 이를 수취하지 않더라도 증빙불비가산세(2%)를 부과하지 않는다.

② 재화나 용역의 공급대가일 것

지출한 금액에 대해 정규영수증을 받아야 하는 거래는 재화나 용역의 공급대가에 해당되어야 한다. 따라서 재화(물건)나 용역(서비스) 거래가 아닌 것들은 정규영수증 수취의무가 없다.

③ 3만 원 초과 거래일 것

일단 정규영수증 수취의무는 기본적으로 거래금액이 3만 원을 초과해야 한다. 따라서 단일 거래가 3만 원 이하로 이뤄진 경우에는 정규영수증을 수취하지 않더라도 증빙불비가산세를 부과하지 않는다.

2) 3만 원 초과거래라도 가산세를 부과하지 않는 경우

다음은 3만 원 초과거래라도 증빙불비가산세 적용을 배제한다. 이는 정규영수증을 수취하기가 힘든 현실을 반영한 결과다.

- 읍·면 지역의 간이과세자로서 신용카드 가맹점이 아닌 사업자
- 농어민과의 거래, 부동산 구입, 주택임대용역
- 경비 등 송금명세서로 갈음 가능한 것(운송 용역, 우편주문판매 등) 등

※ 장부 및 지출증명서류 보관기간

사업자들은 각 과세시간에 그 사업과 관련된 모든 거래에 관한 증명서류를 작성하거나 받아서 소득세나 법인세 신고기한이 지난 날부터 5년간 보관해야 한다.

| 심층분석 ② | 원천징수제도의 모든 것 |

원천징수는 종업원 등 소득자에게 각종 소득(급여, 사업·기타소득 등)을 지급하는 자가 소득자의 세금을 미리 징수해 국가에 대신 납부하는 제도를 말한다. 이에 의해 소득을 받은 개인이나 법인들은 세법에 맞게 소득세 등을 정산해야 한다. 이하에서 원천징수제도의 골격을 이해해보자.

1. 소득을 받은 자가 개인인 경우

법인에서 인건비나 각종 수수료를 지급할 때 원천징수여부를 확인해야 한다. 이를 어길 시에는 가산세가 부과되며, 향후 지출 입증 시 상당히 곤란을 겪을 수 있다.

구분	내용	원천징수 대상과 세율 (지방소득세 별도)
이자소득	금융기관으로부터 받은 이자, 개인 간의 이자 등	· 금융기관 이자 : 14% · 개인 간 이자 : 25%
배당소득	주식 투자 중에 주식 발행회사로부터 받은 배당금	14%
사업소득	사업을 해서 얻은 소득(프리랜서, 접대부 포함)	· 자유직업소득 : 3% · 유흥업소 접대부 : 5%
근로소득	근로를 제공해서 받은 소득(아르바이트, 일용직 포함)	· 정직원 : 간이세액조견표상 · 일용직 : 일당 15만 원 초과분의 6%
연금소득	국민연금, 퇴직연금, 개인연금에 가입해 연금을 수령하는 경우	· 공적연금 : 정부의 조견표 · 사적연금 : 3~5%
기타소득	강의나 인세, 위약금, 권리금 등	· 20%(소득금액 기준)
양도소득	부동산이나 기타 주식 등을 처분해서 받은 소득	없음
퇴직소득	퇴직금을 받은 경우	6~45%(연분연승법)

앞에서 근로소득은 연말정산을 거쳐, 그리고 사업소득은 5월 종합소득세 신고기간에 세금정산을 하게 된다.

참고로 다음 소득을 지급받은 경우에는 모든 소득을 합산해 6~45%로 종합과세를 적용한다.

· 근로소득
· 임대소득(주택임대소득은 연간 2천만 원 초과 시 합산)
· 사업소득
· 공적연금소득
· 사적연금소득(연간 1,200만 원 초과 시 합산과 분리과세 중 선택)
· 금융소득(연간 2천만 원 초과 시 합산)
· 기타소득(기타소득금액 300만 원 초과 시 합산)

2. 소득을 받은 자가 법인인 경우

다음의 금액을 내국법인에게 지급하는 자(원천징수의무자)가 그 금액을 지급하는 경우에는 지급하는 금액에 100분의 14(비영업대금의 이익인 경우에는 100분의 25)의 세율을 적용해 계산한 금액에 상당하는 법인세를 원천징수해야 한다.

· 소득세법 제127조 제1항 제1호의 이자소득금액
· 소득세법 제127조 제1항 제2호의 배당소득금액(집합 투자 기구로부터의 이익 중 자본 시장과 금융 투자업에 관한 법률에 따른 투자 신탁

의 이익만 해당한다)

이러한 원천징수세액은 향후 법인세 신고 시 기납부세액으로 공제된다.

3. 원천세 신고와 지급명세서 제출
1) 원천세 신고
법인이 미리 징수해놓은 원천세는 원천징수한 달의 다음 달 10일까지 원천징수이행상황신고서를 세무서에 제출하고, 금융기관에 세금 납부(직전 연도 상시고용인원 20인 이하 사업장은 반기납승인된 경우 반기별로 1월 10일·7월 10일 신고납부 가능)한다.

2) 지급명세서의 작성·발행 및 제출
지급명세서란 소득자(종업원 등)의 인적사항, 지급액, 원천징수세액 등을 기재한 자료로서 상시 근로자의 경우에는 지급일이 속하는 연도의 다음 해 3월 10일까지, 일용근로자의 경우에는 매월 다음 달 10일까지 관할세무서에 제출하게 된다.

· 근로·사업·퇴직소득 : 다음 해 3월 10일
· 일용근로자 : 매월 다음 달 10일(2021. 7. 1 이후)
· 기타·연금·이자·배당소득 : 다음 해 2월 말일

제5장

법인이 부동산 거래 시 발생하는 이슈들

법인의 목적사업과 과세·면세 여부를 먼저 확인해야 하는 이유는?

부동산 법인은 부동산이 주요 상품이 되고, 이의 매매를 중심으로 경영이 전개된다. 따라서 당연히 법인이 부동산을 취득하면서 보유하고 양도할 때까지의 전 과정에서 발생하는 세금문제에 능통해야 한다. 다만, 이러한 세금문제 이전에 해당 법인의 목적 사업과 부가가치세 과세여부를 먼저 확인하는 것이 좋다. 이에 대해 알아보자.

1. 목적사업

목적사업은 부동산 등기부상에 표시되는 법인의 주요사업을 말한다. 부동산 법인의 경우 신축판매업, 비주거용 건물임대업, 주거용 건물임대업, 부동산 공급업(부동산 매매업), 부동산 중개업 등이 있다.
 이 책은 주택 공급업(매매업)을 위주로 논의를 전개하고 있다. 물론 주거용 건물인 주택의 임대업은 부수적으로 논의가 되고 있다.

〈자료〉
- A법인은 주택을 구입해 일부는 장기임대, 일부는 일시임대, 일부는 매매할 예정임.
- A법인의 등기부등본에는 주택임대업, 주택매매업 등이 기재되어 있음.

Q. 이 법인의 주업은 어떻게 되는가?

이 자료만을 봐서는 어떤 업이 주업인지 알 수 없다. 이는 보통 해당 법인의 사업자등록증을 통해 알 수 있다.

Q. 주택매매업이 주업이라면 주택을 장기임대하면 어떤 업에 해당하는가?

이는 주택임대업에 해당한다. 따라서 임대용으로 사용한 후에 이를 양도하면 재화의 공급에 따른 부가가치세가 발생하지 않는다.

Q. 매매용으로 구입을 했지만 일시 임대한 주택의 경우에는 어느 업종에 해당하는가?

이는 매매업으로 보는 것이 타당하다. 하지만 당초 임대목적으로 구입하는 경우에는 임대업으로 보는 것이 타당하다.

Q. 이렇게 업종구분을 정확히 해야 하는 이유는?

업종에 따라 적용되는 제도들이 달라지기 때문이다. 예를 들어 임대업의 경우 접대비(기업업무추진비)나 차량비 기본한도가 일반법인에 비해 1/2밖에 적용되지 않는다.

2. 부가가치세 과세·면세 여부

부가가치세는 재화와 용역 공급가액의 10%만큼을 징수해서 국가에 납부해야 하는 세목을 말한다. 통상 부동산을 사업적으로 공급하거나 임대하는 경우 이러한 부가가치세가 발생한다.

1) 부가가치세 과세
부동산 법인이 다음의 품목을 공급하면 부가가치세가 과세된다.

- 전용면적 85m^2 초과주택을 공급하는 경우 : 부동산 매매업
- 상가 등 비주거용 건물을 공급하는 경우 : 부동산 매매업
- 상가 등 비주거용 건물을 임대하는 경우 : 일반 부동산 임대업

2) 부가가치세 면세
부동산 법인이 다음의 품목을 공급하면 부가가치세가 면세된다.

- 전용면적 85m^2 이하 주택을 공급하는 경우 → 부동산 매매업
- 주택 등 주거용 건물을 임대하는 경우 → 주택임대업
- 주택 등 주거용 건물을 임대한 후에 공급하는 경우[1] → 주택임대업

---

[1] 주택을 임대한 후에 이를 양도하면 부가가치세가 발생하지 않는다. 이 공급분은 면세업의 부수재화에 해당하기 때문이다.

3. 적용 사례

앞의 내용들을 사례로 알아보자.

Q. A법인은 주택임대업을 영위 중에 있다. 이 주택들 중에는 전용면적 85㎡ 초과주택이 포함되어 있다. 이 업종은 부가가치세가 과세되는가?

주택임대업은 면적과 무관하게 면세사업자에 해당한다.

Q. A법인은 임대용 주택을 양도했다. 이 업은 임대업인가? 매매업인가?

임대업이 주업이므로 이는 주택임대업에 해당한다.

Q. 앞의 임대용 주택을 양도하는 경우 부가가치가 발생하는가?

부동산 매매업용인 경우에는 부가가치세가 발생하나, 임대용 주택은 면세재화에 해당하므로 부가가치세가 발생하지 않는다.

Q. 매매용 주택으로 구입한 후 임대용 주택으로 돌리기 위해서는 어떻게 해야 하는가?

재무제표를 작성할 때 매매용 주택(재고자산)을 임대용 주택(유형자산)으로 계정을 재분류할 수 있다.

Tip 1인 부동산 법인이 부동산 세금을 다루는 방법

다음에서 살펴보게 될 부동산 자체에 대한 세금뿐만 아니라, 부동산을 둘러싼 세무처리 내용까지 알아야 한다. 예를 들어 취득세의 경우 중과세제도를 이해하는 것에 머무르는 것이 아니라, 취득가액 등을 어떤 식으로 장부에 올리는지 등을 이해해야 한다는 것이다.

부동산 법인이 부동산 취득 시 알아둬야 할 것들은?

이제 부동산 법인이 부동산을 취득할 때 알아야 할 세무상 쟁점들을 정리해보자. 법인은 항상 장부를 통해 거래를 입증해야 하기 때문에 회계지식이 있어야 하고, 세법지식도 있어야 한다.

1. 취득가액

1) 취득가액의 범위

여기서 취득가액은 부동산의 구입가격에 취득 관련 부대비용을 더한 금액을 말한다. 이 금액은 최초의 장부가액이 되는 것이며, 향후 해당 부동산을 양도하는 경우 매출원가로 대체된다. 따라서 취득 관련 부대비용을 자산으로 처리하지 않고, 비용으로 처리를 하면 장부가액이 줄어들어 결산 및 법인세 신고 시에 많은 문제가 파생한다. 따라서 취득이 완료되기 전까지 발생한 모든 비용들은 구입가격에 가산해서 회계처리를 하도록 한다.

여기에서 취득부대비용은 다음과 같은 것들이 있다.

· 취득세
· 각종 수수료
· 건설자금이자[2] 등

2) 건물과 토지가액의 구분

부동산은 건물과 토지로 구성되어 있는데, 이때 건물 가격과 토지 가격을 구분해 건물과 토지라는 계정과목으로 장부에 계상해야 한다. 건물에 대해 감가상각을 수행하기 위해서다. 이러한 구분이 필요한 자산들은 임대용 부동산만 해당한다. 즉 주택이나 상가 등을 임대한 경우 이들은 유형자산에 해당되고, 따라서 감가상각이 가능하므로 미리 장부에 건물과 토지로 구분이 되어 있어야 한다. 하지만 판매목적의 재고자산은 감가상각을 할 수 없으므로 구분의 실익이 없다.

3) 부가가치세의 처리

부동산을 취득하면서 발생한 부가가치세는 과세사업자인지, 면세사업자인지의 여부에 따라 환급여부가 결정된다. 전자의 경우에는 환급이 가능하고, 후자의 경우에는 환급이 불가능하다.

---

[2] 건설자금이자는 실무에 해당한다. 이에 대한 내용이 궁금하면 저자의 카페로 문의하기 바란다.

· 환급이 가능한 경우 : 부가가치세가 과세되는 사업의 경우
· 환급이 불가능한 경우 : 부가가치세가 면세되는 사업의 경우

4) 이자비용의 처리

해당 재산이 임대용인 경우에는 취득이 완료될 때까지 발생한 이자는 취득가액에 합산시킬 수 있다. 이를 '건설자금이자'라고 한다. 이렇게 이자를 가산하면 장부가액이 늘어날 수 있다. 다만, 매매용 부동산은 이를 장부에 올릴 수 없다.

2. 취득세 과세표준

법인의 취득세 과세표준은 취득 당시의 가액으로 하는데, 유상승계취득의 경우 지방세법 제10조의 3에서 아래와 같이 정하고 있다.

> ① 부동산 등을 유상거래(매매 또는 교환 등 취득에 대한 대가를 지급하는 거래를 말한다)로 승계취득하는 경우 취득 당시 가액은 취득 시기 이전에 해당 물건을 취득하기 위하여 거래 상대방이나 제3자에게 지급하였거나 지급하여야 할 일체의 비용으로서 대통령령으로 정하는 사실상의 취득가격으로 한다.[3]

즉 법인이 외부로부터 부동산을 취득하면 장부에서 확인되는 사실상의 취득가액으로 하되 구체적인 것은 대통령령(지방세법 시행

---

[3] 2023년 이후부터 취득세 과세표준 산정방법이 크게 개정되었다. 대표적으로 증여의 과세표준이 시가표준액에서 시가상당액으로 변경되었다. 관련 규정을 통해 확인하기 바란다.

령 제18조)에서 정하도록 하고 있다.

① 법 제10조의3 제1항에서 '대통령령으로 정하는 사실상의 취득가격'이란 해당 물건을 취득하기 위하여 거래 상대방 또는 제3자에게 지급하였거나 지급하여야 할 직접비용과 다음 각 호의 어느 하나에 해당하는 간접비용의 합계액으로 한다.[4]
1. 건설자금에 충당한 차입금의 이자 또는 이와 유사한 금융비용
2. 할부 또는 연부(年賦) 계약에 따른 이자 상당액 및 연체료
4. 취득에 필요한 용역을 제공받은 대가로 지급하는 용역비·수수료
5. 취득대금 외에 당사자의 약정에 따른 취득자 조건 부담액과 채무인수액
6. 부동산을 취득하는 경우 주택도시기금법 제8조에 따라 매입한 국민주택채권을 해당 부동산의 취득 이전에 양도함으로써 발생하는 매각차손
7. 공인중개사법에 따른 공인중개사에게 지급한 중개보수
8. 붙박이 가구·가전제품 등 건축물에 부착되거나 일체를 이루면서 건축물의 효용을 유지 또는 증대시키기 위한 설비·시설 등의 설치비용
9. 정원 또는 부속시설물 등을 조성·설치하는 비용 등

위의 내용을 보면 취득 시 발생한 중개수수료 등도 취득세 과세표준에 포함하도록 하고 있음을 알 수 있다.

3. 취득세 세율

1) 주택

주택은 기본세율이 1~3%이나 주택 수 및 조정대상지역 소재 여

---

[4] 부가가치세는 제외한다.

부 등에 따라 8~12%까지 적용될 수 있다.[5]

2) 주택 외

주택 외 부동산의 취득세 기본세율은 4%가 된다. 다만, 수도권 과밀억제권역에서 법인을 설립(휴면법인 인수 포함)하거나 지점 또는 분사무소를 설치하는 경우, 그리고 법인의 본점·주사무소·지점 또는 분사무소를 대도시 밖에서 대도시로 전입함에 따라 대도시의 부동산(주택 제외, 이하 동일)을 취득(그 설립·설치·전입 이후의 부동산 취득을 포함한다)하면 앞의 세율에 4%가 가산될 수 있다.

※ 부동산 법인의 취득세 중과세 해법

수도권 과밀억제권역 내에서 설립된 지 5년이 경과되지 않은 법인이 이 지역 내의 주택 외 부동산을 취득하면 취득세가 중과세된다. 그렇다면 이에서 벗어나는 방법들에는 어떤 것들이 있을까?

첫째, 수도권 과밀억제권역을 벗어난 지역에서 법인을 설립한다.
수도권 과밀억제권역을 벗어나 법인을 설립하면 이러한 중과세를 피할 수 있게 된다. 과밀억제권역의 범위는 제1장을 참조하자.

둘째, 이 지역 내에서 설립된 지 5년이 경과한 법인을 인수한다(단, 휴면법인은 제외).
만일 수도권 과밀억제권역 내에 법인이 있어야 한다면 업무실적

---

5) 이에 대한 자세한 내용은 지방세법 제13조의2 등을 참조하기 바란다.

이 5년이 넘는 법인을 인수하는 방법을 생각해볼 수 있다.

 셋째, 이 지역 밖의 부동산을 매입한다.
 이 지역 내에서 설립된 법인으로써 설립된 지 5년이 미경과된 경우라도 이 지역 밖의 부동산을 매입하면 중과세를 벗어날 수 있다.

4. 특수관계인으로부터 구입 시 발생하는 세무상 쟁점들

 특수관계인으로부터 부동산을 구입할 때 발생하는 세무상 쟁점들을 정리해보자.

1) 시가에 맞게 구입한 경우
 특수관계인으로부터 시가에 맞게 구입하는 경우에는 이를 구입한 법인도 매도한 개인 등도 세법상 아무런 문제가 없다. 시가의 범위에 대해서는 부록을 확인하기 바란다.

2) 고가로 구입한 경우
 법인이 시가보다 높게 부동산을 구입하면 법인에게 해를 끼치므로 세무조정을 통해 자산을 감액하고, 해당 금액을 대표이사에 대한 상여 등으로 소득처분을 한다.

3) 저가로 구입한 경우
 시가보다 저렴하게 구입하는 것은 법인의 입장에서 좋은 것이다.

따라서 법인에 대해서는 별다른 제재를 하지 않는다. 하지만 특수관계인으로부터 저가로 구입한 경우에는 해당 법인의 주주에게 이익이 발생하므로 이에 대해서는 증여세를 부과할 수 있다. 상증법 제45조의 5 규정을 검토해야 한다. 이 규정의 핵심적인 것만 정리하면 다음과 같다.

· 재산 또는 용역을 무상으로 제공받거나, 통상적인 거래 관행에 비추어 볼 때 현저히 낮은 대가*로 양도·제공받을 것
  * **현저히 낮은 대가**는 시가와 대가의 차액이 시가의 100분의 30 이상이거나 그 차액이 3억 원 이상인 경우의 해당 가액을 말한다.
· 증여이익이 주주별로 1억 원 이상을 넘을 것

Tip 주택 등 구입 시 자금조달계획서의 제출

법인들도 다음과 같이 자금조달계획서를 제출해야 함에 유의해야 한다.[6]
· 제출대상 : 법인의 주택, 주택분양권, 주택입주권 구입
· 제출방법
  – 조정대상지역 및 투기과열지구, 비규제지역 : 무조건 제출
· 투기과열지구 내 거래 시 무조건 거래증빙 제출

---

6) 이에 대한 자세한 내용은 저자의 최신간 《부동산 거래 전에 자금출처부터 준비하라!》와 부동산 거래신고 등에 관한 법률을 참조하자(법제처 홈페이지).

부동산 법인이 부동산 보유 시 알아둬야 할 것들은?

법인이 주택 등을 보유하면서 발생한 세무상 쟁점은 크게 보면 보유세 정도만 있는 것처럼 보인다. 하지만 부동산을 보유 중에 수선비를 지출하거나 또는 재평가하는 등 다양한 회계적 사건이 발생할 수 있다. 이와 관련된 내용들을 살펴보자.

1. 보유세

1) 재산세

법인이 부동산을 보유하면 지방세법에서 정하고 있는 기준에 따라 재산세가 부과된다. 이러한 재산세는 개인과 차이가 없다. 따라서 실무에서는 큰 이슈가 되지 않는다.

2) 종부세

법인이 보유하고 있는 부동산에 대해서도 종부세가 과세된다.

① **주택** : 법인이 보유한 주택에 대해서는 기본공제 9억 원과 세부담 상한율이 적용되지 않으며 세율은 2.7%와 5% 중 하나가 적용된다.[7]

② **영업용 건물 부속 토지** : 건물 부속 토지의 기준시가가 80억 원을 넘어가는 경우 종부세가 과세될 수 있다.

③ **종합 합산 토지** : 종합 합산 토지의 합계액이 5억 원을 넘어가면 종부세가 과세될 수 있다.

2. 수선을 하는 경우

부동산을 보유 중에 수선을 하는 경우에는 다음과 같은 내용들에 유의해야 한다.

1) 수선비 계정과목 정하기

수선은 부동산의 구조를 변경하거나 도배 등 경미하게 수선을 하는 것을 포함한다. 따라서 이와 관련해 발생하는 수선비를 자산가

---

7) 법인의 주택에 대한 종부세 줄이는 방법은 제1장을 참조하기 바란다.

액에 합산할 것인지, 당기의 비용으로 할 것인지의 구분은 매우 중요한 이슈가 된다.

자산가액에 합한다는 것은 자산의 장부가액을 늘린다는 것을 의미하며, 이는 당기순이익을 증가시키게 되어 일반 법인세를 증가시킨다는 단점이 있다. 하지만 이 장부가액은 향후 추가 법인세 계산 시 양도가액에서 차감되므로 이 가액이 많으면 추가 법인세를 낮출 수 있는 장점이 있다. 그렇다면 세법은 이에 대해 어떤 태도를 취하고 있을까? 이에 대해 법령 제31조에 제2항에서는 다음과 같이 규정하고 있다.

② 법 제23조 제4항 제2호에서 "대통령령으로 정하는 자본적 지출"이란 법인이 소유하는 감가상각자산의 내용연수를 연장시키거나 해당 자산의 가치를 현실적으로 증가시키기 위하여 지출한 수선비를 말하며, 다음 각 호의 어느 하나에 해당하는 것에 대한 지출을 포함한다.
1. 본래의 용도를 변경하기 위한 개조 등
③ 법인이 각 사업연도에 지출한 수선비가 다음 각 호의 어느 하나에 해당하는 경우로서 그 수선비를 해당 사업연도의 손비로 계상한 경우에는 제2항에도 불구하고 자본적 지출에 포함하지 않는다.
1. 개별자산별로 수선비로 지출한 금액이 600만 원 미만인 경우
2. 개별자산별로 수선비로 지출한 금액이 직전 사업연도종료일 현재 재무상태표상의 자산가액(취득가액에서 감가상각누계액 상당액을 차감한 금액을 말한다)의 100분의 5에 미달하는 경우
3. 3년 미만의 기간마다 주기적인 수선을 위하여 지출하는 경우

특이한 것은 앞의 제3항에서와 같이 수선비 지출액이 연간 600만 원 미만인 경우 자본적 지출에 해당하더라도 이를 수익적 지출(비

용)으로 처리하면 세법상 이를 인정한다는 것이다.

2) 부가가치세 처리법 확인하기

수선비를 지출하면서 발생하는 부가가치세는 해당 업종이 과세사업자이면 환급이 되나 면세업종에 해당하면 환급이 되지 않는다. 환급이 되지 않는 부가가치세는 자산가액에 합산되거나 지출비용에 합산된다.

3. 재평가를 하는 경우

보유한 부동산을 감정평가 등을 통해 재평가하는 경우가 있다. 주로 오래된 부동산을 제대로 평가해 재무제표를 좋게 보이려고 하는 경우에 많이 등장한다. 그래야 대출이나 각종 심사에서 유리할 수 있기 때문이다. 이러한 평가는 법인이 임의대로 할 수는 있으나 세법은 이를 인정하지 않는다. 따라서 법인이 부동산을 임의 평가한 경우 법인세 신고 때 세무조정을 통해 이 부분을 세법에 맞게 수정을 해야 한다.

4. 감가상각을 하는 경우

감가상각은 경영활동에 사용하고 있는 부동산 중 마모가 되는 부분을 법에서 정한 방법으로, 일정기간 안분해 비용 처리를 할 수 있도록 하는 제도를 말한다.

1) 감가상각 대상

경영활동에 직접 사용하지 않는 부동산은 감가상각을 할 수 없다. 예를 들어 부동산을 구입해 보유하다가 바로 파는 경우 이는 경영활동이나 임대에 사용되는 자산이 아니다. 따라서 이러한 재고자산은 감가상각을 할 수 없다. 하지만 사옥으로 사용하거나 임대 중에 있는 자산들은 직접 경영활동 등에 사용하고 있으므로 건물 부분에 한해 감가상각을 할 수 있다.

2) 감가상각 방법

앞에서와 같이 유형자산의 경우 감가상각을 할 수 있다. 그렇다면 감가상각은 어떻게 해야 할까? 이에 대해 세법은 감가상각의 경우 매년 상각한도만을 규정해두고 이의 범위를 넘지 않으면 문제를 삼지 않는다. 따라서 법인이 자의적으로 감가상각비를 장부에 계상하지 않더라도 문제를 삼지 않는다. 법인에게 선택권을 주는 셈이 된다.[8]

> **Tip 감가상각제도의 정리**
> · 유형자산에 대해서는 감가상각을 할 수 있다.
> · 토지는 마모가 되지 않으므로 감가상각을 할 수 없다.
> · 건물의 경우 감가상각기간은 20~40년 사이에서 결정되는 경우가 일반적이다.
> · 건물에 대한 감가상각방법은 매년 균등하게 상각하는 정액법만을 사용해야 한다.
> · 감가상각비를 장부에 계상할지의 여부는 법인이 선택하면 된다.

---

8) 감가상각을 하면 좋을 것인지의 여부는 별도로 검토해야 한다.

부동산 법인이 부동산 임대 시 알아둬야 할 것들은?

법인이 주택 등을 임대 중에도 다양한 세무상 쟁점들이 발생한다. 예를 들어 부가가치세가 발생하는지, 무상으로 임대하면 어떤 문제가 발생하는지 등이 그렇다. 여기에서는 주로 법인이 주택을 임대하는 경우에 발생하는 다양한 세무상 쟁점들에 대해 정리를 해보자.

1. 부가가치세의 발생여부

임대료에 대해 부가가치세가 발생하는 경우가 있고, 없는 경우가 있다.

1) 부가가치세가 발생하는 경우

상가나 빌딩, 업무용 오피스텔 등 비주거용 건물을 임대하는 경우에는 임대료의 10% 정도 부가가치세가 발생하는 것이 원칙이다.

2) 부가가치세가 발생하지 않는 경우

주거용 건물을 임대하면 부가가치세가 발생하지 않는다. 따라서 주택의 경우 면적에 관계없이 이의 세금이 부과되지 않는다. 부가가치세가 발생하면 임차인이 부담해야 하는데, 이렇게 되면 이들의 부담이 가중되기 때문이다.

2. 임대수입의 계상

1) 임대수입의 범위

임대수입은 크게 임대료와 관리비수입으로 구분된다. 이때 전세보증금에 대해서도 간주임대료를 계산해야 하는데, 개인과 조금 차이가 있다. 개인들은 주택 수가 3주택 이상인 경우에 간주임대료를 계산하지만, 법인은 주택임대보증금에서는 무조건 이를 계산하지 않도록 하고 있다. 다음 조특법 제138조를 참조하자.

① 법인의 자기자본에 대한 차입금의 비율 등을 고려하여 대통령령으로 정하는 기준을 초과하여 차입금을 보유하고 있는 내국법인으로서 부동산 임대업을 주업으로 하는 법인(비영리내국법인은 제외한다)이 대통령령으로 정하는 주택[9]을 제외한 부동산 또는 그 부동산에 관한 권리 등을 대여하고 보증금, 전세금 또는 이에 준하는 것을 받은 경우에는 대통령령으로 정하는 바에 따라 계산한 금액을 「법인세법」 제15조 제1항에 따른 익금에 가산한다.

---

9) 주택의 부수 토지가 바닥정착면적의 5배 등(2022년부터는 3배 등)을 초과하지 않는 주택을 말한다.

즉 앞의 규정을 보면 주택을 제외한 부동산 등을 대상으로 하고 있음을 알 수 있다.

2) 임대수입의 재무제표 표시

이러한 임대수입은 재무제표 중 손익계산서에 반영이 되어야 한다. 이때 표시방법은 두 가지가 있을 수 있다.

- 제1안 : 매출로 표시하는 방법
- 제2안 : 영업 외 수익으로 표시하는 방법

만일 임대업이 주업이라면 첫 번째 방법으로, 임대업이 부업 또는 일시적 임대라면 두 번째 방법으로 처리하는 것이 좋다.[10]

3. 무상임대 시의 세무상 쟁점

부동산을 무상임대하면 부의 이전이 일어나게 된다. 이에 대해 세법은 다양한 방법으로 규제하는데, 여기에서는 이를 한꺼번에 정리해보자. 참고로 다음과 같은 세법의 원리는 저가로 임대한 경우에도 동일하게 적용된다.

1) 무상임대 법인

법인이 임대료를 받지 않고 임대한 경우에는 법인의 이익이 줄어

---

10) 실무적인 것이므로 담당 세무사 등과 상의하기 바란다.

들게 되어 그만큼 법인세가 축소된다. 이에 법인세법은 다음과 같이 대응하고 있다.

① 상대방이 특수관계인에 해당하는 경우

상대방이 특수관계인에 해당하는 경우에는 부당행위계산의 부인규정이 적용된다. 이에 대해 법령 제88조 제1항 제6에서 다음과 같이 정하고 있다.

> ① 법 제52조 제1항에서 "조세의 부담을 부당하게 감소시킨 것으로 인정되는 경우"란 다음 각 호의 어느 하나에 해당하는 경우를 말한다.
> 6. 금전, 그 밖의 자산 또는 용역을 무상 또는 시가보다 낮은 이율·요율이나 임대료로 대부하거나 제공한 경우. 다만, 다음 각 목의 어느 하나에 해당하는 경우는 제외한다.
>   나. 주주 등이나 출연자가 아닌 임원(소액주주 등인 임원을 포함한다) 및 직원에게 사택(기획재정부령으로 정하는 임차사택[11]을 포함한다)을 제공하는 경우
> ③ 제1항 제1호·제3호·제6호·제7호 및 제9호(제1항 제1호·제3호·제6호 및 제7호에 준하는 행위 또는 계산에 한한다)는 시가와 거래가액의 차액이 3억 원 이상이거나 시가의 100분의 5에 상당하는 금액 이상인 경우에 한하여 적용한다.

---

11) 법인세법 시행규칙 제42조의 3[임차사택의 범위]
   영 제88조 제1항 제6호 나목에서 "기획재정부령으로 정하는 임차사택"이란 법인이 직접 임차하여 임원 또는 직원에게 무상으로 제공하는 주택으로서 다음 각 호의 경우를 제외하고는 임차기간 동안 직원 등이 거주하고 있는 주택을 말한다. 유상으로 제공하는 경우에는 부당행위계산의 부인규정이 적용될 수 있다.
   1. 입주한 직원 등이 전근·퇴직 또는 이사한 후에 해당 법인의 직원 등 중에서 입주 희망자가 없는 경우
   2. 해당 임차사택의 계약 잔여기간이 1년 이하인 경우로서 주택임대인이 주택임대차계약의 갱신을 거부하는 경우

앞의 내용을 살펴보자.

첫째, 특수관계인에 대해 무상 또는 저가로 임대하면 법인세법 제52조에 규정된 부당행위계산의 부인제도가 적용된다.

둘째, 소액주주인 출자임원이나 직원이 사용하는 사택은 이 규정을 적용하지 않는다.

따라서 대주주[12]인 출자임원 등이 사택을 사용하면 이 규정이 적용된다. 따라서 시가에 맞는 임대료를 받지 않으면 시가와의 차액을 법인의 익금에 산입하는 만큼 해당 금액을 임원의 상여로 보게 된다.

셋째, 시가와 거래가액의 차액이 3억 원 이상이거나 시가의 100분의 5에 상당하는 금액 이상인 경우에 한해 적용한다.

따라서 시가인 임대료의 5%를 벗어나면 앞의 규정이 적용될 수 있음에 유의해야 한다. 참고로 여기서 임대료에 대한 시가를 어떤 식으로 구할 것인지의 여부는 부록을 참조하기 바란다.

② **상대방이 특수관계인에 해당하지 않는 경우**

이 경우에는 시가와 거래가액의 차액에 대해서는 기부를 한 것으로 보아 세무처리를 해야 한다.

---

12) 지분율이 4% 이상 등을 보유한 주주집단을 말한다. 1인 부동산 법인은 대부분 대주주에 해당한다.

2) 무상임차인

무상임차인이 개인인 경우에는 특별한 문제는 없으나, 법인인 경우 법인이 얻은 증여이익(결손금을 한도로 함)에 특수관계에 있는 자의 주식 또는 출자지분의 비율을 곱해 각 주주의 증여이익으로 계산한다. 다만, 각 주주별 증여이익이 1억 원 이상인 경우에 한해 증여세가 과세된다.

4. 적용 사례

사례를 통해 앞의 내용을 이해해보자.

〈자료〉
· A법인이 보유하고 있는 주택을 임대하고자 함.
· 시가인 임대료 : 월 100만 원

Q. 이 주택에서 A법인의 대표이사가 거주하면 어떤 문제가 있는가?

시가에 못 미치게 임대료를 지급하면 부당행위로 보아 규제를 한다.

Q. 이 주택에서 A법인 주주의 가족에게 임대하면 어떤 문제가 있는가?

주주의 가족은 A법인과 특수관계에 해당하기 때문에 적정 임대료를 수취하지 않으면 부당행위로 보고 세법을 적용한다.

Q. 이 주택에서 A법인의 직원이 거주하면 어떤 문제가 있는가?

임대료를 받지 않고 기숙사 형태로 사용해도 문제가 없다. 참고로 직원에게 저렴하게 사용료를 받은 경우에는 부당행위계산의 부인제도 등을 검토해야 한다.

Tip 임대료에 대한 세금계산서 등 발급여부

① 상가임대 시 법인이 부가가치세 과세 재화, 용역을 공급하는 경우 세금계산서를 발행해야 한다.
② 주택임대 시 법인이 부가가치세 면세 재화, 용역을 공급하는 경우 계산서를 발행하는 것이 원칙이다. 하지만 사업자가 아닌 개인에게 공급한 주택임대용역에 대해서는 영수증을 발행할 수 있으므로 이때에는 계산서 발행을 하지 아니할 수 있다. 다음 예규를 참조하자.

※ 법인세과-947, 2009. 8. 31.

주택임대업을 영위하는 법인이 사업자가 아닌 개인에게 주택임대용역을 제공하는 경우 영수증을 발행할 수 있는 것이나, 주택임대용역을 제공받는 자가 사업자(법인 및 개인)인 경우에는 계산서를 발행해야 함.

부동산 법인이 부동산^{재고자산} 양도 시 알아둬야 할 것들은?

부동산 법인이 재고자산인 부동산을 양도하는 것은 일반 법인이 상품을 파는 것과 같다. 그런데 부동산은 일반 상품과는 달리 세무회계 처리과정이 좀 복잡하다는 측면이 있다. 이와 관련된 내용들을 대략적으로 정리해보자.

1. 손익의 귀속시기

회계상의 당기순이익 계산과 법인세 과세는 보통 1년간의 실적을 기준으로 이뤄진다. 따라서 회계연도 말에 거쳐서 거래가 된 경우에는 어느 연도로 매출을 귀속시켜야 하는지 이 부분을 잘 판단해야 한다. 법령 제68조 제1항 제3호에서는 부동산의 손익귀속시기를 다음과 같이 정하고 있다.

그 대금을 청산한 날. 다만, 대금을 청산하기 전에 소유권 등의 이전등기를 하거나 당해 자산을 인도하거나 상대방이 당해 자산을 사용수익하는 경우에는 그 이전등기일·인도일 또는 사용수익일 중 빠른 날로 한다.

따라서 이에 해당하는 연도에 맞춰 부동산의 매출시기를 인식해야 한다.

2. 부가가치세의 발생여부

법인이 부동산을 매각할 때 부가가치세가 발생하는지의 여부도 매우 중요하다. 이를 감안하지 못하면 예기치 못한 불이익이 뒤따를 수 있다.

1) 부가가치세가 발생하는 경우

법인이 매매용으로 보관하고 있는 전용면적 $85m^2$ 초과주택이나 상가 등 비주거용 건물을 양도하면 토지 공급가액을 제외한 건물 공급가액의 10% 상당액을 부가가치세로 납부해야 한다.

〈자료〉
· 전용면적 85㎡ 초과주택
· 양도가액 6억 원(부가가치세는 별도)
· 토지 가격 5억 원, 건물 가격 1억 원으로 계약
· 양도 시 토지의 기준시가 2억 원, 건물의 기준시가 1억 원

Q. 이 주택을 법인이 양도하면 부가가치세가 발생하는가?
전용면적이 85m^2를 초과한 주택은 이 세금이 발생한다.

Q. 이 경우 부가가치세는 얼마인가?
양도가액 중 건물 가격의 10%가 부가가치세다. 따라서 1천만 원이 부가가치세가 된다.

Q. 부가가치세를 줄이기 위해서 건물 가격을 1천만 원으로 하면 어떤 문제가 있을까?
이 경우 기준시가로 나눈 금액과 비교해 그 차이가 30% 벗어나면 기준시가로 계산된 부가가치세를 내야 한다.

- 건물 가격=6억 원×(1억 원/3억 원)=2억 원
- 건물에 대한 부가가치세=2천만 원(2억 원×10%)

따라서 앞에서 계산된 1천만 원은 기준시가로 계산된 2천만 원의 30%를 벗어나면 후자의 것으로 부가가치세를 변경하게 된다.

Q. 부가가치세를 안 내기 위해서는 어떻게 하면 될까?
주택을 임대용으로 사용하다가 양도하면 부가가치세 없이 거래가 가능하다.

2) 부가가치세가 발생하지 않는 경우

법인이 매매용으로 보유하고 있는 전용면적 85m^2 이하 주택이나 임대용으로 사용하고 있는 모든 주택(전용면적 불문)은 부가가치세

가 발생하지 않는다.[13]

3. 특수관계인과의 거래 시 거래가액의 문제

법인이 보유한 부동산을 시장을 통해 양도하면 차익이 많이 발생하거나 심지어 차손이 발생해도 세법이 관여할 수 없다. 하지만 특수관계인과 거래를 하면서 시가와 동떨어지게 높게 팔거나 낮게 팔면 세법은 이에 대해 다양한 방법으로 제재를 한다. 다음에서는 핵심적인 내용만 정리를 하기로 한다.

1) 시가에 맞춰 양도하는 경우
세법상 전혀 문제가 없다.

2) 고가로 양도하는 경우
시가보다 고가로 양도하는 경우에는 법인세가 많이 나오게 되므로 법인에 대해서는 별다른 제재가 없다. 다만, 법인과 특수관계에 있는 개인이 양수하는 경우 법인의 주주들에게 부가 이전되므로 이들에 대한 증여세 과세의 문제가 있다.

3) 저가로 양도하는 경우
시가보다 저가로 양도하는 경우에는 법인세가 줄어들기 때문에

---

13) 임대용으로 사용하는 것은 계약서 등으로 확인할 수밖에 없다. 만일 주택임대업으로 등록을 했다면 이에 대한 입증은 훨씬 쉬울 것이다.

세법이 이를 제재한다. 다만, 모든 거래에 대해 규제를 하는 것이 아니라, 주로 특수관계에 있는 거래만 문제를 삼는다. 따라서 법인의 특수관계인에게 저가로 양도하면 시가와의 차액은 익금산입하고 대표이사의 상여로 소득처분을 한다.

4. 잔금 미회수에 따른 세법상의 제반 문제점

법인이 부동산을 양도한 후에 잔금회수를 미루는 경우, 거래 상대방이 특수관계인에 해당하는 경우에는 가지급금으로 본다. 따라서 이에 대한 세법상의 이자(인정이자)에 해당하는 금액을 법인의 수익(익금)으로 보아 법인세를 과세하고, 대표이사 등의 상여로 처분하게 된다. 이에 대한 문제는 제4장에서 살펴보았다.

5. 법인세 과세문제

지금까지 봐왔던 일반 법인세와 추가 법인세의 문제가 발생한다. 참고로 결손이 난 경우에는 법인세가 부과되지 않는다. 이에 대한 자세한 내용은 제7장에서 살펴보자.

6. 부동산 공급 시 영수증 발행의 문제

부동산을 공급할 때 세금계산서 등을 발행해야 하는지 등을 알아보자.

1) 상가 공급 시

① 건물 공급

법인이 부가가치세 과세 재화, 용역을 공급하는 경우 전자세금계산서를 발행해야 한다.

② 토지 공급

토지 공급은 면세되는 재화에 해당하므로 계산서를 발행하는 것이 원칙이나, 이를 발행하지 않아도 된다.

2) 주택 공급 시

법인이 부가가치세 면세 재화, 용역을 공급하는 경우 전자계산서를 발행하는 것이 원칙이다. 하지만 사업자가 아닌 개인에게 공급한 주택임대용역에 대해서는 영수증을 발행할 수 있으므로 이때에는 전자계산서 발행을 하지 아니할 수 있다.

Tip 부동산 법인의 부동산^{유형자산} 양도 시 부가가치세 과세여부

부동산 법인이 판매목적인 아닌 임대목적이나 경영목적으로 보유한 주택들이 있다. 이러한 주택은 재무제표에 재고자산이 아닌 유형자산으로 표시가 된다. 그런데 주택을 주거용으로 사용하거나 기숙사로 등으로 사용하면, 이에 대한 임대료에 대해서는 부가가치세가 면제된다. 따라서 이러한 면세용 재화를 양도해도 부가가치세가 발생하지 않는다. 면세용역에 부수되는 재화에 해당하기 때문이다.

| 심층분석 | 부동산을 법인이 증여받을 때 알아둬야 할 것들

법인이 개인 등으로부터 부동산을 증여받은 경우가 있다. 주로 법인을 통해 주주들에게 부를 이전하기 위한 시도에서 그렇다. 그렇다면 세법은 이러한 행위들에 대해 어떤 식으로 대응할까?

1. 증여를 받은 법인

법인세가 과세되는 것이 원칙이다. 다만, 이월결손금에 보전되는 경우에는 법인세를 면제받을 수 있다.[14]

1) 자산수증익

법인이 부동산을 증여받으면 자산이 늘어나고 이익이 늘어난다.

(차변) 부동산 (대변) 자산수증익

따라서 다음 재무상태상의 자산과 자본이 동시에 늘어나게 된다.

자산 ↑	부채
	자본 ↑
합계	합계

이러한 자산수증익에 대해서는 법인세가 부과되는 것이 원칙이다. 그런데 여기서 쟁점이 하나 발생한다.

이 증여로 받은 가액은 어떻게 평가할 것인지의 여부다. 법인의 입

---

14) 실무에 해당한다. 담당 세무사와 상의하기 바란다.

장에서는 법인세를 최대한 낮추기 위해서는 기준시가로 증여를 받고 싶어 할 수 있기 때문이다. 다음 사례를 통해 이 부분을 확인해보자.

〈자료〉
· 증여대상 : 아파트
· 시세 : 5억 원
· 기준시가 : 3억 원

Q. 법인이 시가나 기준시가로 증여받으면 얼마의 법인세가 예상되는가? 단, 세율은 20%라고 가정한다.
· 시가로 증여받은 경우 : 1억 원
· 기준시가로 증여받은 경우 : 6천만 원

Q. 이 증여를 받은 부동산을 5억 원에 양도하는 경우의 예상되는 법인세는? 단, 세율은 20%라고 가정한다.
· 시가로 증여받은 경우 : 없음(차익 0원).
· 기준시가로 증여받은 경우 : 4천만 원(차익 2억 원×20%)

Q. 앞의 두 결과만 놓고 보면 법인은 어느 경우가 더 유리한가?
　당장의 법인세를 줄이고 싶다면 기준시가로 증여를 받는 것이 유리하다. 다만, 기준시가로 증여를 받으면 향후 이익에 대해서는 법인세와 잔여 이익에 대한 배당소득세 등이 추가되므로 세부담이 오히려 증가할 수 있다.

Q. 세법은 어떤 식으로 규정하고 있는가?

재무제표에 반영되는 자산은 시가를 원칙으로 한다. 따라서 시가 → 감정가액 → 기준시가순으로 가격을 결정해야 할 것으로 보인다. 법령 제89조를 참조하기 바란다.

Q. 2023년에 법인이 증여받으면 취득세는 어떻게 과세되는가?

시가 인정액을 기준으로 3.5~12%가 부과될 수 있다(지방세법 제13조의 2 제2항 참조).

2) 이월결손금 보전

법인에게 이월된 결손금이 있는 상태에서 부동산 등을 증여하면 이 증여자산에 대해서는 법인세를 부과하지 않는다.

2. 증여를 받은 법인의 주주

증여를 받은 법인이 흑자법인이든, 결손법인이든 주주가 이익을 보게 되므로 상증법 제45조의 5(특정법인과의 거래를 통한 이익의 증여 의제)에 따라 이익을 본 주주에게 증여세가 부과될 수 있다. 물론 실제 증여로 과세되기 위해서는 구체적으로 증여이익을 계산할 수 있어야 한다. 관련 규정을 참조하기 바란다.

1인 부동산 법인의 비용 처리법

비용 처리를 하면 어떤 효과가 발생할까?

　법인의 비용은 이익을 줄여주기 때문에 많은 법인들이 관심을 두는 요소다. 하지만 법인세법에서는 다양한 방법으로 이에 대한 제한을 하고 있다. 따라서 본인이 만든 법인이라도 법인자금을 마음대로 사용하면 문제가 더 커질 가능성이 높다. 여기에서는 비용 처리가 어떤 재무적인 효과를 가져다주는지 먼저 알아보자. 그리고 구체적인 비용 처리법을 순차적으로 살펴보자.

　첫째, 일반 법인세가 줄어든다.
　일반 법인세는 당기순이익에 의존하므로 매출에서 차감되는 비용이 커질수록 이 법인세가 줄어든다.

　둘째, 추가 법인세는 영향이 없다.
　추가 법인세는 부동산의 취득가액 등 장부가액을 차감하므로 일반비용은 이 법인세에 영향을 주지 않는다.

셋째, 잉여금이 줄어든다.
당기순이익이 줄어들게 되면 잉여금이 줄어들어 다음과 같은 재무적인 영향이 나타난다.

- 배당재원이 축소되어 배당소득세 부담이 줄어든다.
- 비상장주식의 가치가 축소되어 상속세나 증여세의 부담이 줄어든다.
- 법인이 청산할 때 청산가치가 줄어들어 청산법인세와 배당소득세 등이 줄어든다.

이상의 내용을 보면 법이 정한 테두리 안에서 최대한의 비용 처리를 하는 것이 여러모로 좋을 수 있다. 다만, 이 과정에서 급여 등을 처리하면 근로소득세나 4대 보험료 등이 발생하므로 적정 균형을 찾는 것이 무엇보다도 중요하다. 이러한 점에 착안해 비용관리를 해야 한다.

법인이 비용을 안전하게 처리하는 기준은?

경영자의 입장에서는 당장의 세금과 향후 잉여금에 대한 배당소득세 등을 줄이기 위해 가급적 비용을 늘리는 것을 선호할 수 있다. 하지만 이를 방치하면 공평한 과세가 될 수 없으므로 세법에서는 비용 처리기준을 두고 있다. 이에 대해 알아보자.

1. 손비의 개념

법인이 지출하는 비용이 법인세법에서 인정되기 위해서는 법인세법 제19조에서 규정하고 있는 손비에 해당되어야 한다.

① 손금은 자본 또는 출자의 환급, 잉여금의 처분 및 이 법에서 규정하는 것은 제외하고 해당 법인의 순자산을 감소시키는 거래로 인하여 발생하는 손실 또는 비용[이하 "손비"(損費)라 한대의 금액으로 한다.
② 손비는 이 법 및 다른 법률에서 달리 정하고 있는 것을 제외하고는 그 법인의 사업과 관련하여 발생하거나 지출된 손실 또는 비용으로서 일반적으로 인정되는 통상적인 것이거나 수익과 직접 관련된 것으로 한다.

이 내용은 앞으로 비용 처리를 할 때 기준이 되기 때문에 조금 더 자세히 살펴보자.

첫째, 손비는 손실과 비용을 말한다.

둘째, 손비는 사업과 관련해 발생해야 한다.
따라서 사업과 관련이 없으면 무조건 비용으로 인정하지 않는다.

셋째, 손비는 일반적으로 인정되는 통상적인 것이어야 한다.
이는 손비가 복리후생비처럼 일정하게 발생하는 것을 말한다. 독특하게 발생한 것들은 그만큼 비용 처리하는 데 있어 신중을 기해야 함을 의미한다.

넷째, 손비는 수익과 직접 관련된 것이어야 한다.
수익에 대응되는 원가에 해당되어야 함을 의미한다.

다섯째, 손비의 범위는 대통령령으로 정한다.
이는 다음에서 별도로 살펴보자.

2. 손비의 범위

법령 제19조에서는 다음과 같은 항목들을 손비로 열거하고 있다.

- 판매한 상품 또는 제품에 대한 원료의 매입가액(기업회계기준에 따른 매입에누리금액 및 매입할인금액을 제외한다)과 그 부대비용
- 판매한 상품 또는 제품의 보관료, 포장비, 운반비, 판매장려금 및 판매수당 등 판매와 관련된 부대비용(판매장려금 및 판매수당의 경우 사전약정 없이 지급하는 경우를 포함한다)
- 양도한 자산의 양도 당시의 장부가액
- 인건비
- 유형자산의 수선비
- 유형자산 및 무형자산에 대한 감가상각비
- 자산의 임차료
- 차입금이자 등

3. 법인의 비용 처리를 제한하는 제도들

법인이 지출하는 비용들은 다음과 같은 제한을 받는다.

1) 업무와 무관한 지출
업무와 무관한 지출은 전액 법인의 비용으로 인정하지 않는다.

- 업무무관자산의 유지비
- 해당 법인의 주주 등(소액주주는 제외)이거나 출연자인 임원 또는 그 친족이 사용하고 있는 사택의 유지비·관리비·사용료와 이와 관련되는 지출금 등

2) 업무와 관련된 지출 중 한도를 초과하는 지출

업무와 관련된 지출이더라도 세법에서 정한 한도를 벗어난 부분은 비용으로 인정하지 않는다.

- 접대비(기업업무추진비) 한도초과액
- 감가상각비 한도초과액
- 업무용 승용차비용 한도초과액 등

3) 업무와 관련된 지출 중 과다·부당한 지출

업무와 관련된 지출액 중 과다하거나 부당한 지출은 사실판단을 거쳐 법인의 비용으로 인정하지 않는다. 실무상 가장 쟁점이 많이 발생하는 부분이다.

- 임원 상여금의 법정한도를 초과하는 지출
- 임원 퇴직급여의 법정한도를 초과하는 지출
- 법정 외의 복리후생비 지출
- 법인이 임원 또는 직원이 아닌 지배주주 등에게 지급한 여비 또는 교육훈련비의 지출 등

Tip 법인 설립 전에 지출한 비용 법규법인2009-399, 2009.12.04

법인 설립등기일 전에 생긴 손익을 사실상 그 법인에 귀속시킨 것이 있는 경우 법령 제3조 제2항에 따라 조세포탈의 우려가 없을 때에는 최초사업연도의 기간이 1년을 초과하지 아니하는 범위 내에서 해당 법인의 최초 사업연도의 손익에 산입할 수 있다.[1]

---

1) 참고로 전년도에 발생한 비용은 당해 연도의 비용으로 처리할 수 없다.

소소한 비용을 법인의 경비로 인정받는 방법은?

앞의 내용을 어느 정도 이해했다면 법인의 지출비용이 모두 법인의 손비로 인정되지 않음을 알 수 있을 것이다. 그렇다면 어떤 식으로 처리해야 문제가 없을까? 여기에서는 법인이 소소한 비용을 지출하는 경우를 먼저 보고, 금액이 큰 경우는 뒤에서 별도로 살펴보자.

1. 식사비

사회통념상 타당하다고 인정되는 범위에서 지출하는 식사비는 복리후생비로 계상할 수 있다. 다만, 접대를 위한 경우에는 접대비에 반영한다. 복리후생비는 100% 비용으로 인정되나 접대비는 한도가 있다.

2. 차량비

법인이 운행하는 승용차 운행비도 비용 처리가 가능하다. 다만, 모든 비용이 인정되는 것이 아니라 한도가 있다. 이에 대해서는 뒤에서 따로 살펴본다.

3. 보험료

법인이 임직원을 위해 가입한 보장성 보험료도 대체적으로 법인의 비용으로 인정받을 수 있다.

4. 통신비

대표이사 등의 핸드폰 요금도 법인비용으로 처리할 수 있다. 이때 명의는 법인명의가 아니더라도 법인의 비용으로 처리는 가능하다. 다만, 입증을 해야 하는 어려움이 따를 수 있다.

5. 경조사비

법인이 거래처 또는 임직원을 대상으로 하는 경조사비(건당 20만 원 이하)도 법인 비용에 해당한다.

6. 기타

자녀를 위한 학자금의 경우에는 지출은 할 수 있지만, 이 경우 대표이사 등의 근로소득으로 보아 원천징수 등을 해야 한다.

참고로 다음과 같은 비용들은 법인의 비용으로 인정되지 않는다.

- 업무와 관련해 발생한 교통사고 벌과금
- 산업재해보상보험료의 가산금
- 국민건강보험법에 따라 징수하는 연체금 등

Tip 법인이 지출하는 비용들과 세법의 적용

구분	100% 인정	50% 인정 또는 불인정	100% 불인정
계정 과목	· 상품매입비 · 인건비 · 임차료 · 복리후생비(식대, 건강보험료 등) · 통신비	· 가족 인건비 · 차량비 · 개인사업용 접대비 · 상품권 구입비 · 무자료거래에 의한 지출 등	· 가공경비(재료비, 인건비, 외주가공비 등) · 업무무관 비용(공휴일에 사용한 경비, 골프비용, 백화점 지출 등) · 한도초과(접대비, 기부금, 감가상각비 등)
세무상 위험	없음	· 조세회피행위에 해당가능성이 높음(단, 금액이 과도한 경우에는 탈세행위로 간주될 가능성이 있음). · 일반과소신고가산세(10%) 적용(단, 40%도 가능)	· 가공경비는 탈세행위에 해당 · 기타 경비는 조세회피행위에 해당 · 일반과소신고가산세 10% 또는 부정과소신고가산세 40% 가능
관리 포인트	-	업무 관련성 및 지출의 타당성을 입증하는 것이 중요	고액을 처리한 경우 문제가 발생하므로 성실신고를 기본으로 신고

가족에게 인건비를 지급할 때 알아야 할 것들은?

　법인이 좋은 점 중 하나는 법인이 벌어들인 이익 중 일부를 가족에게 급여로 지급할 수 있다는 점이다. 그런데 문제는 가족이 실제 업무에 종사하지 않는 경우가 있다는 것이다. 이 경우에도 세법은 비용으로 인정할까? 아니다. 이를 용납하면 법인세가 줄어들기 때문에 깐깐하게 굴 수밖에 없다. 여기에서는 가족을 둘러싼 급여처리법에 대해 알아보자.

Q. 가족에게도 급여지급이 가능할까?

가족도 업무에 종사하면 당연히 급여를 지급받을 수 있다.

Q. 근무를 하지 않음에도 불구하고 급여를 지급하면 어떤 문제가 있을까?

이는 당연히 업무무관지출로 전액 비용으로 인정되지 않고, 해당

자의 소득으로 보아 소득세를 부과한다.

Q. 실제 근무하고 있다는 사실은 어떻게 입증하는가?

근무일지 등이 있으면 된다.

Q. 실제 급여를 지급하게 되면 어떤 부담이 뒤따르는가?

매월 지급받은 급여에 대해 세법에 맞게 원천징수를 해야 한다. 한편 4대 보험료도 발생한다.

Q. 동일직위에 있는 사람보다 급여 등을 더 주면 문제가 되는가?

그렇다. 법인이 지배주주 등인 임원 또는 직원에게 정당한 사유 없이 동일 직위에 있는 지배주주 등 외의 임원 또는 직원에게 지급하는 금액을 초과해 보수를 지급한 경우, 그 초과금액은 이를 손금에 산입하지 아니한다.

Q. 근로소득은 어떻게 정산하는가?

다음 해 2월에 연말정산을 통해 세금을 정산한다. 만일 해당 소득자에게 다른 종합소득이 있는 경우에는 다음 해 5월 중에 종합소득세로 정산해야 한다.

Tip 급여 책정법

1인 부동산 법인이 본인이나 가족 등에게 급여를 책정할 때에는 소득세와 4대 보험료를 동시에 고려해야 한다. 이때에는 다음과 같이 폼을 사용하도록 한다.

유입		유출		순유입효과
· 법인세 절감효과 · 배당소득세 절감효과	−	· 근로소득세 · 건강보험료	=	

*4대 보험료 중 국민연금과 건강보험료율

구분	회사	개인	계
국민연금료	4.5%	4.5%	9.0%
건강보험료	3.545%	3.545%	7.09%
장기요양보험료	건강보험료의 12.81%	건강보험료의 12.81%	−

참고로 법인에서 종사하는 임직원들은 총연봉에 대해 4대 보험료가 부과된다. 만일 대표이사가 무보수로 받은 경우에는 보험료가 발생하지 않을 수 있지만, 직원이 있는 경우에는 이들의 급여를 기준으로 보험료가 부과될 수 있다. 구체적인 것은 건강보험공단에 문의하면 된다.

임원에게 인건비를 지급할 때 반드시 갖춰 놓아야 할 것들은?

임원의 인건비도 원칙적으로 법인의 손비에 해당한다. 따라서 이러한 비용을 무한대로 인정한다면 법인의 자산이 외부로 부당하게 유출될 수 있고, 법인세 등도 줄어들 가능성이 높다. 그래서 세법은 임원의 인건비에 대해서는 다양하게 규제를 하고 있다. 이에 대해 알아보자.

1. 임원의 급여

임원의 급여는 보통 주주총회에서 결정된 대로 지급하면 세법상 문제가 없다. 다만, 법령 제43조 제3항과 제4항에서는 과다보수 및 비상근 임원에 대해서는 제한을 두고 있다. 다음의 내용을 참조하기 바란다.

③ 법인이 지배주주 등인 임원 또는 직원에게 정당한 사유 없이 동일 직위에 있는 지배주주 등 외의 임원 또는 직원에게 지급하는 금액을 초과하여 보수를 지급한 경우 그 초과금액은 이를 손금에 산입하지 아니한다.
④ 상근이 아닌 법인의 임원에게 지급하는 보수는 법 제52조에 해당하는 경우를 제외하고 이를 손금에 산입한다.

특히 비상근 이사나 감사 등에게 보수를 지급하는 경우 문제가 발생할 여지가 높으므로 미리 이에 유의해야 한다.

2. 임원의 상여

임원의 상여는 부정기적으로 지급될 수 있고, 이 과정에서 임원들의 담합이 있을 수 있으므로 법령 제43조에서는 다음과 같은 규정을 두어 이를 감시하고 있다.

② 법인이 임원에게 지급하는 상여금 중 정관·주주총회·사원총회 또는 이사회의 결의에 의하여 결정된 급여지급기준에 의하여 지급하는 금액을 초과하여 지급한 경우 그 초과금액은 이를 손금에 산입하지 아니한다.

임원에게 부정기적인 상여를 지급할 때에는 미리 임원 상여지급규정(이 장의 심층분석 참조)이 있어야 한다. 한편 결산기에 법인세를 줄이기 위해 상여금을 급히 늘리는 경우가 있는데, 향후 세무조사 등의 과정에서 문제가 될 수 있으므로 미리 주의할 필요가 있다.

3. 임원의 퇴직급여

임원의 퇴직급여는 정관이나 정관에서 위임받은 퇴직급여 지급 규정에 따라 지급이 되어야 한다. 만일 이러한 규정이 없으면 법에서 정한 방법에 따른 금액 한도 내의 것만 인정한다. 이에 대한 내용은 법령 제44조 제4항에 규정되어 있다.

> ④ 법인이 임원에게 지급한 퇴직급여 중 다음 각 호의 어느 하나에 해당하는 금액을 초과하는 금액은 손금에 산입하지 아니한다.
> 1. 정관에 퇴직급여(퇴직위로금 등을 포함한다)로 지급할 금액이 정하여진 경우에는 정관에 정하여진 금액
> 2. 제1호 외의 경우에는 그 임원이 퇴직하는 날부터 소급하여 1년 동안 해당 임원에게 지급한 총급여액의 10분의 1에 상당하는 금액에 기획재정부로 정하는 방법에 의하여 계산한 근속연수를 곱한 금액

임원의 퇴직급여는 정관에 지급금액이 미리 적혀 있거나 정관에서 위임받은 임원퇴직급여규정이 마련되어 있어야 한다. 이 부분은 상당히 중요하므로 반드시 세무사와 상의를 해야 한다.

4. 적용 사례

사례를 통해 앞의 내용들을 알아보자.

〈자료〉
· A법인의 이번 해 당기순이익은 10억 원임.
· A법인은 현재 결산대책을 수립 중에 있음.

Q. 만일 대표이사 등 임원의 상여금으로 5천만 원씩 나눠주면 모두 경비로 인정될까?

그렇지 않다. 임원의 경우 미리 상여지급규정이 만들어져 있어야 한다. 이러한 규정은 이사회의사록 등에 의해 입증이 되어야 한다.

Q. 앞의 상여금이 세법상 인정이 된다고 하자. 이 경우 어떤 효과가 발생할까?

법인세가 20% 이상 줄어든다. 그리고 잉여금이 축소되어 배당의 압력이 축소된다. 다만, 개인의 경우 근로소득세가 증가되고, 4대 보험료가 늘어날 수 있다.

Q. 만일 DC형 퇴직급여에 더 추가하면 문제가 없을까?

대표이사도 DC형 퇴직급여로 적립할 수 있으므로 성과급 형태로 이 연금에 추가 적립할 수 있다. 이 부분은 실무적으로 따져야 할 것들이 많으므로 반드시 세무사 등과 상의를 하는 것이 좋다.

Q. 앞과는 별개로 A법인의 대표이사가 퇴직을 한다고 하자. 이 경우 퇴직급여는 어떤 식으로 지급해야 문제가 없는가?

정관이나 퇴직급여지급규정에 따라야 한다. 만일 이러한 규정이 없으면 법인세법에서 정한 한도 내에서만 비용으로 인정된다. 참고로 법인세법상 한도 내에서 퇴직급여를 받더라도 이 금액이 소득세법상 퇴직소득세를 계산할 때 한도를 벗어나게 되면 그 부분은 근로소득세로 과세됨에 유의해야 한다. 실무상 상당히 어려운 부분이므로 이러한 경우에도 반드시 세무사 등과 상의하기 바란다.

복리후생비를 많이 계상하려면 어떻게 해야 하는가?

　법인세를 다루는 실무자들의 입장에서 가장 혼란스러운 분야 중 하나가 바로 복리후생비의 처리와 관련된 것이다. 세법상 인정되는 복리후생비는 무엇인지 이에 대한 판단이 서지 않는 경우가 많기 때문이다. 이하에서 이에 대해 판단을 내려 보자.

1. 복리후생비 관련 규정

　먼저 복리후생비는 법령 제45조에서 다음과 같이 규정하고 있다.

① 법인이 그 임원 또는 직원을 위하여 지출한 복리후생비 중 다음 각 호의 어느 하나에 해당하는 비용 외의 비용은 손금에 산입하지 아니한다.
1. 직장체육비

2. 직장문화비
2의 2. 직장회식비
3. 우리사주조합의 운영비
5. 국민건강보험법 및 노인장기요양보험법에 따라 사용자로서 부담하는 보험료 및 부담금
6. 영유아보육법에 의하여 설치된 직장어린이집의 운영비
7. 고용보험법에 의하여 사용자로서 부담하는 보험료
8. 그 밖에 임원 또는 직원에게 사회통념상 타당하다고 인정되는 범위에서 지급하는 경조사비 등 제1호부터 제7호까지의 비용과 유사한 비용

앞의 내용을 조금 더 살펴보자.

첫째, 앞에 열거되지 않는 것들은 원칙적으로 복리후생비에 해당하지 않는다.

복리후생비는 임직원의 복리후생을 위해 지출한 비용을 말하는데, 이러한 항목들 외로 지출될 가능성이 높기 때문에 이러한 규정을 두고 있다.

둘째, 경조사 등은 사회통념상 인정되는 범위에 해당하는지의 여부를 별도로 확인해야 한다.

예를 들어 직원인 자녀 등에게 경조사비로 1억 원을 줬다고 하자. 이는 회계상 다음과 같이 처리가 될 것이다.

(차변) 복리후생비 1억 원 (대변) 현금 1억 원

이렇게 처리되면 당기순이익이 축소되어 법인세가 줄어들기 때문에 법인은 앞의 제8호 규정을 적용해 이 비용을 인정하지 않게 된다. 한편 이를 받은 자는 소득에 해당하므로 소득세를 내야 한다.

2. 복리후생비 관리법

첫째, 경조사비 등은 근로소득에 포함하는 것이 원칙이다.
따라서 금액이 큰 경우에는 반드시 연말정산을 통해 세금을 정산하도록 한다.

둘째, 재무제표에 계상된 복리후생비가 과도하면 사후검증이나 세무조사 등의 대상이 될 수 있으므로 주의해야 한다.

셋째, 경조사비 지급규정을 두는 것이 좋다.
경조사비는 출자자인 임원에게 지급한 경우라도 사회통념상 타당하다고 인정되는 범위 안의 금액은 이를 각 사업연도의 소득금액 계산상 손금에 산입한다. 따라서 금액이 과도하지 않으면 세법상 큰 문제가 없다. 다만, 금액이 약간 크다고 생각되는 경우에는 경조사비 등에 대한 지급규정을 두는 것이 안전하다. 이에 대해서는 이 장의 심층분석을 참조하기 바란다.

1인 부동산 법인도 기업업무추진비^{접대비}를 처리할 수 있을까?

기업업무추진비(접대비)는 업무와 관련되어 거래처 등에게 향응을 베풀기 위해 들어간 비용을 말한다. 이러한 접대비는 실제 대표이사 등이 개인적으로 사용되는 경우도 많아 법인세법에서 다양한 방식으로 규제하고 있다. 이에 대해 알아보자.

1. 접대비 관련 규정

접대비에 대해서는 법인세법 제25조에서 다음과 같이 규정하고 있다. 참고로 2022년부터 접대비의 명칭이 기업업무추진비로 변경되었다. 이 책은 편의상 기업업무추진비와 접대비를 같이 사용하고 있다.

① 이 조에서 '기업업무추진비(접대비)'란 접대, 교제, 사례 또는 그 밖에 어떠한 명목이든 상관없이 이와 유사한 목적으로 지출한 비용으로서 내국법인이 직접 또는 간접적으로 업무와 관련이 있는 자와 업무를 원활하게 진행하기 위하여 지출한 금액을 말한다.

② 내국법인이 한 차례의 접대에 지출한 접대비 중 대통령령으로 정하는 금액을 초과하는 접대비로서 다음 각 호의 어느 하나에 해당하지 아니하는 것은 각 사업연도의 소득금액을 계산할 때 손금에 산입하지 아니한다.

1. 다음 각 목의 어느 하나에 해당하는 것을 사용하여 지출하는 접대비
가. 여신전문금융업법에 따른 신용카드 등

④ 내국법인이 각 사업연도에 지출한 접대비(제2항에 따라 손금에 산입하지 아니하는 금액은 제외한다)로서 다음 각 호의 금액의 합계액을 초과하는 금액은 해당 사업연도의 소득금액을 계산할 때 손금에 산입하지 아니한다.

1. 기본한도 : 다음 계산식에 따라 계산한 금액

> 기본한도금액 = $A \times B \times \dfrac{1}{12}$
>
> A : 1,200만 원(중소기업의 경우에는 3,600만 원)
> B : 해당 사업연도의 개월 수(이 경우 개월 수는 역(曆)에 따라 계산하되, 1개월 미만의 일수는 1개월로 한다)

2. 수입금액별 한도 : 생략

⑤ 제4항을 적용할 때 부동산 임대업을 주된 사업으로 하는 등 대통령령으로 정하는 요건에 해당하는 내국법인의 경우에는 같은 항 각 호의 금액의 합계액의 100분의 50을 초과하는 금액은 해당 사업연도의 소득금액을 계산할 때 손금에 산입하지 아니한다.

앞의 내용을 분석하면 다음과 같다.

첫째, 법인세법상 기업업무추진비(접대비)란 접대, 교제, 사례 또는 그 밖에 어떠한 명목이든 상관없이 이와 유사한 목적으로 지출

한 비용을 말한다.[2]

둘째, 접대비는 법인카드를 사용하거나 세금계산서를 받아야 인정된다. 대표이사나 직원명의로 된 개인카드는 절대로 접대비로 인정받을 수 없다.

셋째, 접대비는 기본한도와 수입금액별 추가한도가 있다.

넷째, 임대 법인의 경우 접대비한도액이 절반으로 축소된다. 임대 법인의 범위에 대해서는 잠시 뒤에 살펴본다.

2. 1인 부동산 법인과 접대비

1인 부동산 법인들은 다음과 같이 접대비를 사용할 수 있다.

첫째, 부동산 법인도 기본적으로 연간 3,600만 원까지 접대비를 인정받을 수 있다.
세법상 중소기업에 해당하기 때문이다. 중소기업의 범위에 대해서는 조특령 제2조에서 규정하고 있는데, 여기에서는 소비성서비스업을 제외한 대부분의 법인을 중소기업으로 분류하고 있다.

---

[2] 주주 또는 출자자나 다음 각 호의 어느 하나에 해당하는 직무에 종사하는 자(이하 "임원"이라 한다) 또는 직원이 부담해야 할 성질의 접대비를 법인이 지출한 것은 이를 접대비로 보지 아니한다(법령 제40조). 따라서 이러한 접대비는 전액 비용으로 인정되지 않는다.

둘째, 만일 주업이 임대 법인에 해당하는 경우에는 접대비 한도액이 1/2로 축소된다.

셋째, 앞의 한도 내에서는 기본적으로 다음과 같은 것들을 지출할 수 있다.

· 직원들과의 회식비
· 거래처 등을 위한 접대비(20만 원 이하의 경조사비는 영수증이 없어도 됨)
· 골프비 등

Tip 기부금과 접대비의 구분

사업과 직접 관계 있는 자에게 금전 또는 물품을 기증한 경우에 그 금품의 가액은 접대비로 구분하며, 사업과 직접 관계가 없는 자에게 금전 또는 물품 등을 기증한 경우에 그 물품의 가액은 거래실태별로 다음 각 호의 기준에 따라 접대비 또는 기부금으로 구분한다.
· 업무와 관련해 지출한 금품 ·············· 접대비
· 위에 해당되지 아니하는 금품 ··········· 기부금

1인 부동산 법인이 업무용 승용차비용을 제대로 처리하는 방법은?

　법인이 보유하고 있는 업무용 승용차에 대한 비용 처리법도 상당한 관심사다. 차량비 자체도 감가상각을 통해 비용 처리가 될 뿐만 아니라, 운행비도 비용 처리를 할 수 있기 때문이다. 하지만 이를 무조건 인정하면 과세형평상 문제가 되므로 세법에서 다양한 방법으로 규제를 하고 있다. 이에 대해 알아보자.

1. 업무용 승용차 관련 비용 손금불산입 규정

　이에 대해서는 법인세법 제27조의 2에서 다음과 같이 규정하고 있다.

② 내국법인이 업무용 승용차를 취득하거나 임차함에 따라 해당 사업연도에 발생하는 감가상각비, 임차료, 유류비 등 대통령령으로 정하는 비용(이하 이 조에서 "업무용 승용차 관련 비용"이라 한다) 중 <u>대통령령으로 정하는 업무용 사용금액에 해당하지 아니하는 금액</u>은 해당 사업연도의 소득금액을 계산할 때 손금에 산입하지 아니한다.

③ 제2항을 적용할 때 업무사용금액 중 다음 각 호의 구분에 해당하는 비용이 각각 800만 원[3]을 초과하는 경우 그 초과하는 금액은 해당 사업연도의 손금에 산입하지 아니하고 대통령령으로 정하는 방법에 따라 이월하여 손금에 산입한다.
1. 업무용 승용차별 감가상각비
2. 업무용 승용차별 임차료 중 대통령령으로 정하는 감가상각비 상당액[4]

④ 업무용 승용차를 처분하여 발생하는 손실로서 업무용 승용차별로 800만 원을 초과하는 금액은 대통령령으로 정하는 방법에 따라 이월하여 손금에 산입한다.

⑤ 제3항과 제4항을 적용할 때 부동산 임대업을 주된 사업으로 하는 등 대통령령으로 정하는 요건에 해당하는 내국법인의 경우에는 "800만 원"을 각각 "400만 원"으로 한다.

앞의 내용을 좀 더 세부적으로 살펴보자.

첫째, 이 규정은 법인이 업무용[5] 승용차를 취득하거나 임차한 경우에 적용한다.

업무용 승용차이므로 화물차 같은 차량(1천cc 이하 경차도 포함)은 규제대상이 아니며, 리스회사를 통해 리스한 차량도 적용 대상

---

[3] 해당 사업연도가 1년 미만인 경우 800만 원에 해당 사업연도의 월수를 곱하고 이를 12로 나누어 산출한 금액을 말하고, 사업연도 중 일부 기간 동안 보유하거나 임차한 경우에는 800만 원에 해당 보유기간 또는 임차기간 월수를 곱하고 이를 사업연도 월수로 나누어 산출한 금액을 말한다.
[4] 리스료 중 보험료와 자동차세 등을 제외한 금액을 말한다.
[5] 거래처 방문, 출퇴근 등이 업무활동에 해당한다.

이 된다. 다만, 종업원 차량을 임차한 경우에는 해당사항이 없다.[6]

둘째, 업무용 승용차와 관련해 발생한 모든 비용(감가상각비, 자동차세, 운행비 등)이 규제대상이 된다.

셋째, 감각상각비와 처분손실은 연간 800만 원(임대 법인은 1/2) 한도 내에서 비용 처리를 할 수 있다.

2. 운행일지를 작성하지 않은 경우의 처리법

앞의 내용을 토대로 해서 실무에서 업무용 승용차 비용을 세법상 비용으로 인정받는 방법을 정리해보자. 이에 대해서는 법령 제50조의 2에서 정하고 있는데, 주요 내용만 보면 다음과 같다.

> ③ 업무용 승용차는 정액법을 상각방법으로 하고 내용연수를 5년으로 하여 계산한 금액을 감가상각비로 하여 손금에 산입하여야 한다.
> ④ 법 제27조의 2 제2항에서 "대통령령으로 정하는 업무용 사용금액"이란 다음 각 호의 구분에 따른 금액을 말한다.
> 1. 해당 사업연도 전체 기간 동안 다음 각 목의 어느 하나에 해당하는 사람이 운전하는 경우만 보상하는 자동차보험(이하 "업무전용자동차보험"이라 한다)에 가입한 경우 : 업무용 승용차 관련 비용에 업무사용비율[7]을 곱한 금액

---

6) 개인 소유차량을 법인에 임대한 경우에도 규제대상에서 제외된다. 따라서 시세에 맞게 임대료를 책정하고 대금을 수수하면 세법상 문제는 없다.
7) ⑤ 제4항 제1호에서 업무사용비율은 기획재정부령으로 정하는 운행기록 등에 따라 확인되는 총주행거리 중 업무용 사용거리가 차지하는 비율로 한다.

가. 해당 법인의 임원 또는 직원
　　나. 계약에 따라 해당 법인의 업무를 위하여 운전하는 사람
　　다. 해당 법인의 업무를 위하여 필요하다고 인정되는 경우로서 기획재정부령으로 정하는 사람
　2. 업무전용자동차보험에 가입하지 아니한 경우 : 전액 손금불인정
⑦ 제4항 제1호를 적용할 때 운행기록등을 작성·비치하지 않은 경우 해당 업무용 승용차의 업무사용비율은 제5항에도 불구하고 다음 각 호의 구분에 따른 비율로 한다.
1. 해당 사업연도의 업무용 승용차 관련 비용이 1,500만 원 이하인 경우 : 100분의 100
2. 해당 사업연도의 업무용 승용차 관련 비용이 1,500만 원을 초과하는 경우 : 1천 5백만 원을 업무용 승용차 관련 비용으로 나눈 비율

앞의 내용 중 핵심적인 내용 몇 가지만 정리한다.

첫째, 감가상각비는 5년 정액법으로 강제 상각한다.
리스차량의 경우에는 리스료 중 보험료와 자동차세 등을 제외한 금액을 말한다.

둘째, 업무전용자동차보험에 가입하지 아니하면 전액 손금(비용)으로 인정하지 않는다. 따라서 이 보험에 가입하는 것은 필수다.[8]

셋째, 차량운행기록부를 작성하지 않더라도 기본적으로 연간 1,500만 원까지 비용으로 인정한다. 단, 임대 법인은 500만 원이다.

---

8) 개인사업자 중 전문직 사업자 등은 2021년 1월 이후부터 이 제도가 도입되었다(단, 2대 이상의 승용차에 대해 가입의무가 있다).

3. 1인 부동산 법인의 업무용 승용차 관련 비용 관리법

1인 부동산 법인들은 다음과 같이 업무용 승용차를 관리하는 것이 좋다.

첫째, 운행일지를 작성하지 않더라도 연간 1,500만 원까지 차량비용을 인정받을 수 있다. 이 한도는 차량 대수별로 적용하므로 차량을 2대 운행하더라도 문제가 없다. 하지만 법인이 비용 처리를 하기 위해서는 업무전용자동차보험에 가입해야 하므로 직원이 아닌 자가 차를 이용하면 전액 비용 처리를 할 수 없다. 참고로 개인차량은 규제대상에서 제외되므로 임대차계약을 맺어 진행해도 된다.

둘째, 차량에 대한 감가상각은 5년 정액법(임차는 리스료에서 자동차세 등을 차감)을 적용하므로 고가의 차량은 보유연수를 늘려야 감가상각비를 제대로 처리할 수 있다.

셋째, 임대 법인은 차량비 인정한도가 축소됨에 유의해야 한다. 자세한 것은 뒤에서 요약한다.

> **Tip 차량매각 시 세금계산서 또는 계산서 발행의무**
>
> 차량도 재화의 공급에 해당하므로 일반과세자가 이를 양도하면 세금계산서를 발행해야 한다. 예를 들어 차량매매대금이 1천만 원이라면 100만 원이 부가가치세가 되는 것이다. 이때 차량구입자는 차량의 부가가치세는 원칙적으로 환급이 불가하나 화물차 등에 대한 부가가치세는 환급이 가능하다.
> 한편 사업자가 면세사업자에 해당하는 경우에는 계산서를 발행하면 된다. 면세사업자가 사업을 위해 사용한 재화를 공급할 때에는 부가가치세를 징수하지 않도록 하고 있기 때문이다. 따라서 법인에서 사용한 승용차 등은 이를 매각하더라도 계산서를 발행하면 된다.

09 부동산 임대 법인에게만 적용되는 비용 처리의 한계는?

주업이 부동산 임대업인 법인의 경우에는 일반 법인에 비해 접대비나 업무용 승용차 관련 비용에 대한 비용인정 한도가 축소된다. 이러한 내용들은 향후 개인임대업을 법인전환 시에 반드시 검토해야 할 주제에 해당한다. 여기에서는 임대 법인에 대한 세법의 규제 내용을 검토해보려 한다.

1. 세법상 부동산 임대 법인의 범위

법령 제42조에서는 다음과 같이 임대 법인을 규정하고 있다.

② 법 제25조 제5항 및 법 제27조의 2 제5항에서 "대통령령으로 정하는 요건에 해당하는 내국법인"이란 각각 다음 각 호의 요건을 모두 갖춘 내국법인을 말한다.
1. 해당 사업연도 종료일 현재 내국법인의 제43조 제7항에 따른 지배주주 등이

보유한 주식 등의 합계가 해당 내국법인의 발행주식총수 또는 출자총액의 100분의 50을 초과할 것
2. 해당 사업연도에 부동산 임대업을 주된 사업으로 하거나 다음 각 목의 금액 합계가 기업회계기준에 따라 계산한 매출액(가목부터 다목까지의 금액이 포함되지 않은 경우에는 이를 포함하여 계산한다)의 100분의 50 이상일 것
　　가. 부동산 또는 부동산상의 권리의 대여로 인하여 발생하는 수입금액
　　나. 소득세법 제16조 제1항에 따른 이자소득의 금액
　　다. 소득세법 제17조 제1항에 따른 배당소득의 금액
3. 해당 사업연도의 상시근로자 수가 5명 미만일 것
③ 제2항 제2호를 적용할 때 내국법인이 둘 이상의 서로 다른 사업을 영위하는 경우에는 사업별 사업수입금액이 큰 사업을 주된 사업으로 본다.

상가든, 주택이든 이를 불문하고 주업이 임대업이면 앞의 규정을 적용해 세법상의 임대 법인을 가려내고 있다.

2. 부동산 임대 법인에 주어지는 불이익들

앞의 규정에 따라 선정된 임대 법인들에 대해서는 다음과 같은 규제들이 적용된다.

- 접대비 기본한도 축소
- 승용차 관련 비용 한도 축소
- 성실신고확인제도 적용 등

이러한 내용을 일반 법인과 비교해 표로 정리하면 다음과 같다.

구분	일반 법인	임대 법인
접대비 기본 한도	3,600만 원	1,800만 원
업무용 승용차 감가상각비 한도	800만 원	400만 원
업무용 승용차 처분손실 한도	800만 원	400만 원
차량운행기록부 미작성 시 업무사용금액	1,500만 원	500만 원
법인성실신고확인제도	법인전환 후 3년 이내의 법인	상시근로자 수 5인 미만 등 요건 충족한 법인

3. 적용 사례

사례를 통해 앞의 내용을 알아보자.

〈자료〉
· 재무상태표상 임대수입 1억 원임.
· 상시근로자 수 : 1명

Q. 이 법인은 세법상 임대 법인에 해당하는가?

상시근로자 수가 5인 미만이고 주업이 임대업으로 보이므로 이에 해당한다.

Q. 이 법인의 속한 업종의 접대비 기본한도액은 3,600만 원이다. 그렇다면 이 법인은 어떤 규제를 받는가?

세법상 임대 법인에 해당해 접대비 한도액이 1/2로 축소되는 불이익을 받는다.

| 심층분석 ① | 법인이 자금을 인출할 때 주의할 점들

법인은 각종 법률에 의해 규제를 받기 때문에 처음 지출을 할 때에는 원칙에 따라 지출하는 것이 좋다. 이를 정리하면 다음과 같다.

첫째, 지출 전에는 업무 관련성을 점검해야 한다.
법인의 돈은 개인인 경영자나 임원 또는 주주들의 것이 아니다. 엄연히 개인들처럼 생명을 가지고 있는 법인 자체의 돈이다. 따라서 단지 법인의 운영주체들에 불과한 경영자나 기타 기관들이 임의대로 법인자산을 유용하는 경우에는 상법이나 세법 등의 규제를 받을 수밖에 없다. 예를 들어 세법은 법인의 지출 업무와 관련성이 없다면 세금을 추징하는 방식으로 불이익을 준다. 개인이 지출한 비용을 회사장부에 올리면 관련 비용을 부인하고 이를 개인의 상여로 처분하는 것 등이 그 예가 된다. 따라서 자금지출 전에 반드시 업무관련성을 확인해야 한다.

둘째, 특수관계인과는 투명한 거래가 되어야 한다.
임원이나 사용인 또는 그 친족 등은 법인의 특수관계인에 해당된다. 그런데 해당 법인이 이들과 거래를 할 수 있는데 그 거래가 법인에 해를 준다면 어떨까? 예를 들어 법인의 자산을 특수관계인이 무상으로 사용한다든지, 또는 법인의 자산이 저렴하게 이전된다든지 하는 식의 거래가 일어나면 어떨까? 이는 법인자본의 충실을 저해하는 행위가 된다. 세법은 이에 대해 부당행위계산의 부인제도를 활용해 이를 제재한다. 이 제도는 특수관계인과의 거래를 통해 세부담을 회피한 경우 소득금액을 재계산해 과세하는 것을 말하는데, 이를 적용받지 않기 위해서는 가급적 투명하게 거래를 하도록 한다.

셋째, 지출에 관련된 증빙을 무조건 수취·보관해야 한다.

예를 들어 통장에서 현금 1억 원이 빠져나갔다면 이유를 불문하고 이에 해당하는 증빙이 구비되어 있어야 한다. 여기서 증빙이란 원칙적으로 정규영수증인 세금계산서나 계산서 또는 신용카드(현금영수증 포함)를 말한다. 이때 지출정당성 등을 최대한 확보해 만일에 발생할 수도 있을 사후검증이나 세무조사 시 발생할 수 있는 세무위험을 줄일 수 있어야 한다.

넷째, 지급처의 계좌로 직접 입금을 해야 한다.

정상적으로 운용되는 법인이라면 정규영수증을 제대로 받고 거래한 법인의 계좌로 송금할 것이다. 물론 어음을 발행한 법인들도 마찬가지다. 그런데 문제가 되는 법인들은 영수증에 나와 있는 법인의 계좌로 송금을 하는 것이 아니라 엉뚱한 법인의 계좌로 송금하는 경우다. 이런 상황의 이면을 보면 세법규정을 어긴 경우가 대부분이다. 만일 이런 사실이 과세당국에 의해 적발되었다면 세금추징은 불가피할 것이다.

다섯째, 기타 관련 법을 위배하지 않도록 한다.

원천징수대상인데도 불구하고 원천징수를 제대로 하지 않는 경우, 사규 등으로 뒷받침되지 않은 지출, 그리고 상법 등에서 요구하는 절차를 제대로 밟지 않은 경우에도 문제가 발생한다. 예를 들어 앞에서 보았듯이 임원의 퇴직금은 정관 등에서 지급기준이 정해졌느냐, 안 정해졌느냐에 따라 비용으로 인정되는 범위가 달라진다. 따라서 각 법인은 상법이나 세법 등에서 규정하는 절차를 이해하고 유리한 방법을 찾는 것이 세무상 불이익을 줄이고 세금의 절약을 도모하는 길이 될 것이다.

Tip 법인이 돈을 지출할 때 점검해야 할 것들

· 업무 관련성을 입증할 수 있는가?
· 특수관계인과의 거래에 해당하는가?
· 정규영수증은 제대로 수취했는가?
· 지급처의 계좌로 입금이 제대로 되었는가?
· 원천징수의무를 이행했는가?
· 계약서와 지급내용이 일치하는가?
· 지급근거가 되는 품의서나 사규 등이 존재하는가?
· 세법이나 상법 등에서 요구하는 절차를 밟았는가?
· 세법 외의 법령을 위배했는가?

| 심층분석 ② | 법인이 사규로 갖춰둬야 할 규정들

1. 임원상여금

임원상여금 지급 규정

제1조【목적】
이 규정은 정관(또는 주총, 이사회)의 결의에 의해 임원에게 지급할 상여금에 관한 사항을 규정함을 목적으로 한다.

제2조【임원의 정의】
이 규정에서 임원이라 함은 이사 및 감사로서 상근인 자를 말한다.

제3조【지급방침】
상여금은 경영의 탄력성을 유지하고 임원으로 하여금 회사 발전에 관심을 갖게 하는 한편, 능률의 향상을 기할 수 있도록 지급한다.

제4조【상여금의 산정 및 지급방법】
상여금의 산정 및 지급방법은 사원의 상여금 규정과 동일하며 다만, 필요할 시는 주주총회에서 승인을 받은 범위 내에서 대표이사가 별도로 정할 수 있다.

부칙

이 규정은   년   월   일부터 시행한다.

2. 임원퇴직금

임원퇴직금 규정

제1조【목적】
이 규정은 당사를 퇴임한 임원에 대해 지급할 퇴직금에 관한 제반사항을 정함으로써 퇴임 임원과 회사와의 지속적인 유대강화를 도모함을 그 목적으로 한다.

제2조【임원의 정의】
이 규정에서 임원이라 함은 주주총회에서 선임된 이사 및 감사로서 상근인 자를 말한다.

제3조【지급사유】

제4조【근속년수의 계산】
근속년수의 계산은 다음 각 호에 의한다.
   1. 6월 이상 1년 미만은 1년으로 한다.
   2. 6월 미만의 경우에는 1년분에 대한 지급률의 2분의 1을 적용한다.
   3. 재직 중 사망으로 퇴직한 경우 1년 미만은 1년으로 한다.

제5조【퇴직금】
① 임원이 퇴직했을 때에는 아래에서 정한 임원의 퇴직금 지급률표에 의해 산출한 금액을 퇴직금으로 지급한다.

직위	지급률
대표이사 회장	재임 매 1년에 대해 월급여액의 O개월분[9] 이내
대표이사 사장	재임 매 1년에 대해 월급여액의 O개월분 이내
이사부사장, 전무이사	재임 매 1년에 대해 월급여액의 O개월분 이내
상무이사, 이사, 상임감사	재임 매 1년에 대해 월급여액의 O개월분 이내

---

[9] 퇴직급여 지급배수는 3년간 연평균 급여의 2배수 이내로 하는 것이 좋다. 담당 세무사와 상의하기 바란다.

② 임원이 연임되었을 경우에는 퇴직으로 보지 아니하고 연임기간을 합산해 현실적으로 퇴직했을 때에 퇴직금을 계산 지급한다.

제6조【퇴직금지급의 특례】

제7조【특별공로금】
① 재임 중 특별한 공로가 있는 임원에 대해서는 특별공로금을 포함한 퇴직금의 지급을 주주총회에서 결정할 수 있다.
② 임원퇴직금에 관해 따로 그 지급액을 결정하는 경우에는 이 규정을 적용하지 아니한다.

부칙

제1조【시행일】
이 규정은   년   월   일부터 시행한다.

3. 경조금

경조금 지급 규정

제1조【목적】
이 규정은 이 회사 사원 및 그 가족의 경조사에 대해 회사에서 지급하는 경조금에 관한 기준과 절차를 규정함을 그 목적으로 한다.

제2조【적용범위】
회사 사원 및 그 가족의 경조금 지급에 관해서는 다른 규정에서 특별히 정한 것이 있는 외에는 이 규정이 정하는 바에 의한다.

제3조【구분】
경조금의 종류는 다음 각 호와 같이 구분한다.

1. 축의금
2. 조의금
3. 위로금

제4조【지급기준】

① 경조금의 지급기준은 [별표 1]과 같다.

② 동일사유에 대한 경조금 수령 해당자가 2인 이상일 경우에는 고액수령 해당자 1인에게만 경조금을 지급한다.

③ 특수한 사정으로 인해 지급기준에 대한 예외를 요하는 경우에는 사장이 결정해 집행한다.

제5조【지급신청】

제6조【지급방법】

부칙

제1조【시행일】

이 규정은   년   월   일부터 시행한다.

[별표 1]

경조금 지급 기준표

구분	내용	금액	비고
축의금	부모 및 처부모 회갑	원	
	조부모 회갑	원	
	본인 결혼	원	
	자녀 결혼	원	
	형제자매 결혼	원	
	자녀출산	원	
조의금	부모 및 처부모, 배우자상	원	
	자녀상	원	
	조부모, 백·숙부모상	원	
	형제자매상	원	
위로금			

1인 부동산 법인의 이익계산과 법인세 신고법

법인의 이익은 어떻게 계산할까?

법인은 그들이 벌어들인 수입에서 비용을 차감해 이익을 계산한다. 회계에서는 이를 '당기순이익'이라고 한다. 이러한 당기순이익을 기반으로 일반 법인세가 부과된다. 따라서 이 이익을 도출하는 과정을 이해하는 것이 매우 중요하다.

1. 수입^{매출}

여기서 수입은 회계에서는 매출이라고 하는데, 통상 1년 단위로 집계를 한다. 따라서 12월 말 법인이라면 1월 1일부터 12월 31일까지 확정된 수입을 매출로 잡는다. 부동산을 매매한 경우 통상 잔금과 등기접수일 중 빠른 날이 속한 연도의 매출로 인식한다. 임대업을 영위하면서 발생한 임대소득은 매출로 표시해도 되고, 일시적인 임대의 경우에는 영업 외 수익으로 표시해도 된다.

구분	금액	비고
매출		
상품매출		
:		
영업 외 수익		
임대료수입		
:		
당기순이익		

2. 비용

비용은 앞의 수입을 얻기 위해 들어간 소멸된 원가를 말한다. 이에는 매출에 대응되는 매출원가, 인건비, 이자비용, 기타 잡비 등이 해당된다. 참고로 여러 개의 법인이나 개인사업을 영위하면서 공통으로 발생한 비용들은 매출액 등의 비율로 안분해서 비용처리를 해야 한다. 만일 배부기준이 없이 비용처리를 하는 경우에는 이를 인정받지 못할 수 있음에 유의해야 한다.

3. 당기순이익

당기순이익은 앞의 매출에서 비용을 차감한 금액을 말한다. 이를 손익계산서 형식으로 표시하면 다음과 같다.

구분	금액	비고
매출		
− 매출원가 　재고자산		
= 매출총이익		
− 일반관리비 　임직원급여 　광고비 　임차료 　기타비용		
= 영업이익		
+ 영업 외 수익 　투자자산처분이익 　유형자산처분이익		
− 영업 외 비용 　이자비용		
= 법인세비용차감전순이익		
− 법인세비용		
= 당기순이익		

4. 적용 사례

앞의 내용을 사례를 통해 알아보자.

〈자료〉
· 1년간의 수입 : 2억 원
· 1년간의 비용 : 1억 원(세법상 부인되는 비용 1천만 원 포함)

Q. 회계상 당기순이익은 얼마인가?

수입, 즉 매출에서 비용을 차감하므로 1억 원이 된다.

Q. 법인세 일반과세를 적용하기 위한 법인세법상 과세소득은?

앞의 당기순이익에 반영된 비용 1억 원 중 세법상 인정되지 않는 비용 1천만 원을 차감하면 9천만 원이 법인세법상의 비용에 해당한다. 따라서 법인세법상 소득은 1억 1천만 원이 된다. 법인세는 각 계정과목에 대해 기준으로 두어 이를 비용으로 인정할 것인지, 말 것인지를 결정하고 있다. 이러한 작업을 '세무조정'이라고 한다.

Q. 앞의 당기순이익을 줄일 수 있는 방법은 무엇인가?

매출을 줄이는 것은 사실상 불가능하고 비용을 늘릴 수밖에 없다. 비용을 늘리는 방법은 뒤에서 살펴볼 것이다.

Tip 일반 법인세의 계산원리

일반 법인세는 앞의 당기순이익에 세무조정을 가감한 법인세법상의 소득에 대해 9~19%가 적용된다. 세무조정은 회계상의 수입과 비용이 법인세법에 위배된 경우 이를 조정하는 작업을 말한다. 따라서 다음과 같은 결과가 도출된다.

- 회계상 당기순이익+세무조정액=법인세법상의 소득 ↑ : 법인세 증가
- 회계상 당기순이익−세무조정액=법인세법상의 소득 ↓ : 법인세 감소
- 회계상 당기순이익+세무조정액 0원=법인세법상의 소득 : 법인세 증감에 영향을 주지 않음.

추가이익은 어떻게 계산하는가?

추가이익은 법인이 주택이나 비사업용 토지를 양도해 추가 법인세를 과세할 때 필요한 소득을 말한다. 따라서 이에 해당하는 소득에 대해서는 20%(비사업용 토지는 10%)가 추가로 과세된다. 이러한 제도는 법인의 투자 수익률을 떨어뜨리므로 1인 부동산 법인은 추가이익의 계산방법을 잘 알고 있어야 한다. 이에 대해 알아보자.

법인세법 제55조의 2 제6항에서는 토지 등 양도소득에 대해서는 다음과 같이 계산하도록 하고 있다. 여기서 양도금액은 실제 양도가액이 되므로 이를 파악하는 것은 큰 문제가 없다. 문제는 양도 당시의 장부가액이 무엇인지를 제대로 확인해야 한다.

⑥ 토지 등 양도소득은 토지 등의 양도금액에서 양도 당시의 장부가액을 뺀 금액으로 한다.

그런데 이러한 장부가액은 여러 가지 요인에 의해 변동할 수 있다. 따라서 이를 잘 이해하는 것이 중요하다.

1. 취득 당시의 장부가액

부동산을 취득할 때 장부가액은 다음과 같이 구성된다. 즉 이에는 소유권을 취득하기 전까지 발생한 모든 비용들이 포함된다. 예를 들어 취득 당시에 지급된 중개수수료(양도 당시의 것은 미포함됨에 유의)도 취득가액에 포함된다.

· 매입가액+취득부대비용(취득세, 중개수수료, 채권 할인비용, 법무사 비용 등)

참고로 법인세법 제41조에서는 부동산 등 자산의 취득가액에 대해 다음과 같이 정하고 있다.

① 내국법인이 매입·제작·교환 및 증여 등에 의하여 취득한 자산의 취득가액은 다음 각 호의 구분에 따른 금액으로 한다.
1. 타인으로부터 매입한 자산 매입가액에 부대비용을 더한 금액
2. 자기가 제조·생산 또는 건설하거나 그 밖에 이에 준하는 방법으로 취득한 자산
  : 제작원가에 부대비용을 더한 금액
3. 그 밖의 자산 : 취득 당시의 대통령령으로 정하는 금액
② 제1항에 따른 매입가액 및 부대비용의 범위 등 자산의 취득가액의 계산에 필요한 사항은 대통령령으로 정한다.

2. 보유 중의 장부가액

보유 중의 장부가액은 다음의 금액을 말한다.

· 취득가액 + 자본적 지출 – 감가상각비

취득가액은 당초 취득했을 때의 가액을 말하며, 자본적 지출액은 자산의 가치를 증가시키는 지출로 대표적으로 대수선공사비(인테리어)가 있다. 이의 자본적 지출액은 비용으로 처리되는 것이 아니라 자산의 취득가액에 더해지는 것이다. 한편 해당 부동산이 임대용인 경우에는 감가상각비를 비용으로 계상할 수 있는데, 이 금액이 장부가액에서 차감이 되는 것이다.

3. 양도 당시의 장부가액

양도 당시의 장부가액은 대부분 앞의 보유 중의 장부가액을 의미한다. 양도 당시에 발생하는 각종 수수료는 자산의 장부가액과 무관하므로 이는 당기의 비용으로 처리한다. 예를 들어 양도 당시에 지급된 공인중개수수료는 자산의 장부가액이 아닌 것이다.

4. 적용 사례

앞의 내용을 사례로 알아보자.

⟨자료⟩
· 구입가액 3억 원, 취득부대비용 2천만 원
· 수선비 1천만 원 지출
· 양도 시 중개수수료 500만 원 지출

Q. 취득 당시의 장부가액은 얼마인가?

취득 당시의 구입가액은 3억 원이고, 취득부대비용은 2천만 원이므로 3억 2천만 원이 장부가액이 된다.[1]

Q. 보유 중의 장부가액은 얼마인가?

수선비가 세법상 자본적 지출인지의 여부에 따라 장부가액이 달라진다. 만일 자본적 지출에 해당하면 3억 2천만 원에 1천만 원을 더한 3억 3천만 원이 장부가액이 된다. 이에 해당하지 않으면 3억 2천만 원이 장부가액이 된다.

Q. 양도 당시의 장부가액은 얼마인가?

양도 당시에는 앞의 보유 중의 장부가액이 해당된다. 양도 당시의 수수료는 장부가액에 해당되지 않는다.

---

1) 해당 자산이 유형자산에 해당하면 건물과 토지로 구분해 장부에 계상해야 한다.

Tip 법인세 추가과세를 벗어나는 방법

법인세 추가과세제도는 법인의 자금이 비생산적으로 사용되는 것을 방지하기 위해 취득세 중과세와 더불어 법인세법에서 정하고 있는 대표적인 규제제도에 해당한다. 이 제도를 적용받게 되면 양도차익의 20%(비사업용 토지는 10%)를 무조건 추가로 내야 하는 불이익이 뒤따를 수 있다. 여기에서는 법인세 추가과세를 적용받지 않는 방법에 대해 알아보자.

첫째, 추가과세의 대상을 정확히 이해하자.

법인세 추가과세제도는 법인세법 제55조의 2 등에서 정하고 있는 주택과 별장, 비사업용 토지에 대해 적용한다. 이를 요약해 정리하면 다음과 같다.

구분	원칙	제외
주택 (분양권, 입주권 포함)	추가과세제도 적용	· 주택건설사업자의 재고주택 · 민간임대주택법에 의해 등록한 임대주택 등
별장		법에서 정한 농어촌주택
비사업용 토지		사업용 토지

참고로 오피스텔의 경우 원래 추가과세제도를 적용하지 않지만, 주거용 오피스텔은 실질과세 원칙에 따라 이 제도를 적용한다(서면2팀-2676, 2006. 12. 28 등). 한편 2009. 3. 16 ~ 2012. 12. 31 사이에 취득한 주택과 비사업용 토지에 대해서는 추가과세제도를 적용하지 않는다.

둘째, 주택의 경우 주택임대사업자등록을 내면 된다.

주택의 경우 다음과 같은 조건을 충족한 후 양도하면 이 제도를 적용하지 않는다.

구분	내용
등록요건	민간임대주택법에 따른 임대주택으로 등록할 것
의무임대기간요건	5년(또는 8년[2]) 이상 임대할 것
가액요건	임대를 개시한 날의 해당 주택의 기준시가가 6억 원(수도권정비계획법 제2조 제1호에 따른 수도권 밖의 지역인 경우에는 3억 원) 이하일 것

다만, 2020년 6월 18일 이후부터는 법인이 조정대상지역 내에서 취득한 주택에 대해서는 임대등록을 하더라도 추가과세를 적용한다.

셋째, 토지의 경우 비사업용 토지에서 제외되도록 한다.

농업을 주된 사업으로 하지 아니하는 법인이 소유하는 토지나 나대지 등을 보유하고 있다면 법인세법상 비사업용 토지에 해당된다. 따라서 보유한 토지가 비사업용 토지에 해당한다면 사업용 토지로 전환하는 방법을 검토한 후 양도에 나서야 한다.

---

2) 2018년 4월 1일 이후에 등록한 경우에는 8년, 2020년 8월 18일 이후는 10년 이상의 임대기간이 필요하다.

수선비 지출이 자본적 지출에 해당하는지의 여부가 중요한 이유는?

주택 등을 구입해 수선비를 지출하는 경우가 종종 있다. 이러한 비용은 일반적으로 당기의 비용으로 처리되나 어떤 경우에는 자산으로 처리를 해야 하는 경우가 있다. 이와 관련된 문제를 살펴보자.

1. 수선비를 비용으로 처리하는 경우

수선비를 당기의 비용으로 처리하면 당기순이익이 감소하고 당기의 법인세도 줄어든다.

2. 수선비를 자산으로 처리하는 경우

수선비를 자산으로 처리하면 당기순이익과 법인세는 늘어나게 되나, 향후 양도 시에는 당기순이익과 법인세가 줄어든다. 법인세의 경우, 일반 법인세는 물론이고 추가 법인세도 줄어들 수 있다.

3. 세법상의 처리기준

앞의 내용을 보면 수선비를 지출하더라도 가급적 당기의 비용보다는 자산으로 처리하는 것이 향후 일반 법인세와 추가 법인세를 동시에 줄일 수 있는 비책이 된다. 그렇다면 법인이 마음대로 이를 자산으로 처리할 수 있을까?

그렇지 않다. 이를 용인하면 법인이 자의적으로 세금을 줄일 수 있기 때문이다. 이에 세법은 다음과 같은 기준을 두어 이 문제를 해결하고 있다.

- 자산의 가치를 증가시키는 지출 : 자본적 지출로 해서 자산에 가산한다.
- 자산의 가치를 유지시키는 지출 : 수익적 지출로 해서 비용에 가산한다.

4. 회계처리를 잘못한 경우

자산으로 처리할 것을 비용으로, 또는 비용으로 처리할 것을 자산으로 처리한 경우에는 결산을 할 때 바로잡거나 아니면 법인세 신고 때 세무조정을 통해 법인세 신고서에 반영해야 한다.

Tip 컨설팅비용, 묘지이장비 등 처리법

취득 당시에 발생한 컨설팅비용은 장부가액에 포함시킬 수 있다. 하지만 양도시점에 발생한 컨설팅비용은 장부가액에 해당되지 않는다. 이러한 관점에서 보면 묘지이장 등에 따른 보상비 등도 장부가액에 해당되지 않는다고 보인다.

이익이 많을 때 취해야 하는 조치들은?

앞에서 1인 부동산 법인의 이익은 크게 두 종류가 있음을 알았다. 물론 이러한 이익의 성격은 다르고, 도출과정도 다르다. 먼저 이 도출과정을 알아보고, 이러한 이익들을 조절할 수 있는지도 아울러 알아보자.

1. 일반이익과 추가이익의 비교

구분	일반이익	추가이익
매출	-	-
- 장부가액	공제	좌동
- 일반비용 　인건비 　이자비용 　기타	공제	공제되지 않음.
= 이익		

앞의 표를 보면 법인의 일반이익과 추가이익은 계산방법에서 차이가 남을 알 수 있다.

취득가액을 기반으로 형성된 장부가액은 일반이익 및 추가이익 계산 시 양쪽에서 차감되지만, 일반비용은 일반이익에서만 차감되며 추가이익에서 차감되지 않는다는 차이가 있다.

2. 이익조절 가능여부

일반이익 계산 시 일반비용은 매출에서 차감된다. 따라서 급여 등을 추가하는 식으로 대응하면 이의 이익조절은 가능하다. 하지만 추가이익은 매출에서 장부가액만 차감되므로 이의 이익조절은 가능하지 않다.

일반이익을 줄일 수 있는 수단에는 다음과 같은 것들이 있다.

- 인건비 : 과세관청에 미리 보고가 되어야 한다. 통상 다음 해 1월 10일까지 원천징수 내역이 보고가 되어야 한다.[3]
- 감가상각비 : 법인세 신고 준비과정에서 장부에 계상할 수 있다. 단, 재고자산은 감각상각을 할 수 없다.
- 시가가 떨어진 경우 : 세법상의 요건에 부합하면 감액손실도 비용으로 인정을 해준다.
- 기타 : 영수증이 없는 지출들도 반영한다.

---

3) 만일 12월의 급여를 미지급한 경우 다음 해 2월에 지급할 것으로 볼 수 있다. 따라서 이러한 제도를 활용하면 1월 이후에도 급여를 추가할 수 있는 길이 열려 있다.

Tip 이익은 얼마까지 줄일 수 있을까?

법인은 무한정 이익을 줄일 수는 없다. 세법에서는 각 업종별로 업종별 이익에 대한 데이터를 가지고 이와 동떨어지게 신고한 경우에는 세무조사 등을 실시하기 때문이다. 부동산 매매업과 임대업, 두 업종만 대략적으로 살펴보면 다음과 같다.

구분	국세청 코드번호	단순경비율	표준소득률	기준경비율
부동산 매매업 (주거용 건물 공급)	703011	81.9	18.1	12.4
부동산 임대업 (주거용)	701102	42.6	57.4	8.7
부동산 임대업 (비주거용)	701201	41.5	58.5	13.6

단순경비율과 기준경비율은 실제 경비 대신에 사용하는 경비율을 말하며, 표준소득률은 100에서 단순경비율을 차감한 율을 말한다. 이 율은 동종업계의 평균신고 소득률을 의미하기도 한다. 한편 국세청 코드번호는 사업자등록을 할 때 필요하며, 앞으로 세원관리는 이 코드번호를 중심으로 이뤄진다.

결손금은 어떻게 관리해야 할까?

　결손금은 1년간의 실적을 결산한 결과 발생한 손실액을 말한다. 따라서 당해 연도에 결손금이 발생하면 당장 내야 할 법인세는 없다. 그리고 이러한 결손금은 향후 법인의 이익에서 차감될 수 있다. 따라서 이를 위해서는 결손금을 정확히 장부에 반영을 해두는 것이 좋다. 이에 대해 알아보자.

1. 당해 연도의 결손금

1) 회계상의 결손금
　기업회계기준에 따라 비용이 매출을 초과한 경우 당기순손실이 발생한다. 이러한 손실은 결산 때 회계상의 결손금으로 누적관리가 된다.

자산	부채
	자본 　결손금
합계	합계

2) 세무상의 결손금

법인세법상, 즉 세무상 결손금은 앞의 회계기준에 따라 계산하는 것이 아니라 법인세법 제14조에서 정하고 있는 절차에 따라 계산한다. 먼저 이 규정을 보면 다음과 같다.

① 내국법인의 각 사업연도의 소득은 그 사업연도에 속하는 익금(益金)의 총액에서 그 사업연도에 속하는 손금(損金)의 총액을 뺀 금액으로 한다.
② 내국법인의 각 사업연도의 결손금은 그 사업연도에 속하는 손금의 총액이 그 사업연도에 속하는 익금의 총액을 초과하는 경우에 그 초과하는 금액으로 한다.
③ 내국법인의 이월결손금은 각 사업연도의 개시일 전 발생한 각 사업연도의 결손금으로서 그 후의 각 사업연도의 과세표준을 계산할 때 공제되지 아니한 금액으로 한다.

세무상 결손금은 법인세법상 익금보다 손금이 더 큰 경우를 말한다. 실무에서는 아래처럼 ①이 부수(마이너스)가 나는 경우를 말한다.

	결산서상 당기순이익
(+)	익금산입 및 손금불산입
(−)	손금산입 및 익금불산입
	①

2. 이월된 결손금 처리법

앞의 내용을 보면 회계상의 결손금과 세무상의 결손금은 차이가 있다. 따라서 관리법도 따로 존재한다.

1) 회계상의 이월결손금 관리법

재무상태표상의 이월결손금은 재무상태표에 누적관리가 되며, 추후 잉여금이 발생하면 이와 상계된다. 또는 자본금과 대체(자본감소)하는 등의 방법으로 이를 줄일 수 있다.

이월결손금을 보전할 목적으로 자본감소(감자)를 단행하는 경우에는 법인의 순자산가액은 변동하지 않는다. 다음 재무상태표의 변화를 보면 쉽게 이해할 수 있을 것이다.

감자 전		감자 후	
자산	부채	자산	부채
	자본 　자본금 5억 원 　이월결손금 1억 원 　계 4억 원		자본 　자본금 4억 원 　계 4억 원

2) 세무상의 이월결손금

세무상의 이월결손금은 법인세 신고서상에서 별도로 관리가 된다. 한편 이월결손금은 다음 연도 이후부터 15년간 과세되는 소득금액 범위 내에서 다음과 같이 공제를 받을 수 있다(법인세법 제13조).

① 내국법인의 각 사업연도의 소득에 대한 법인세의 과세표준은 각 사업연도의 소득의 범위에서 다음 각 호의 금액과 소득을 차례로 공제한 금액으로 한다. 다만, 제1호의 금액에 대한 공제는 각 사업연도 소득의 100분의 80(조특법 제5조 제1항에 따른 중소기업은 100분의 100)을 한도로 한다.

1. 제14조 제3항[4]의 이월결손금 중 다음 각 목의 요건을 모두 갖춘 금액

   가. 각 사업연도의 개시일 전 15년 이내에 개시한 사업연도에서 발생한 결손금일 것

Tip 개인, 개인사업자, 법인의 결손금공제법 비교

① 개인
개인은 당해 연도에 발생한 양도차손은 다른 양도차익에서 통산할 수 있을 뿐 이월해서 공제를 받을 수 없다.

② 개인사업자
개인사업자에게 결손금이 발생하면 근로소득금액·연금소득금액·기타소득금액·이자소득금액·배당소득금액에서 순서대로 공제한다. 이월결손금은 사업소득금액, 근로소득금액, 연금소득금액, 기타소득금액, 이자소득금액 및 배당소득금액에서 순서대로 공제한다. 부동산 임대업에서 발생한 이월결손금은 부동산 임대업의 소득금액에서 공제한다. 이월공제기간은 10년(2021년 이후로 15년)이다.

③ 법인
앞에서 본 것과 같다. 한편 추가법인세 과세대상에서 발생한 양도차손익은 통산한다.[5]

---

[4] 내국법인의 이월결손금은 각 사업연도의 개시일 전 발생한 각 사업연도의 결손금으로서 그 후의 각 사업연도의 과세표준을 계산할 때 공제되지 아니한 금액을 말한다.

[5] 예를 들어 첫 번째 주택은 양도차익, 두 번째 주택은 양도차손이 난 경우 이를 통산해 추가법인세를 계산한다. 한편 통산 후의 양도차손은 다음 연도로 이월공제가 되지 않는다.

법인세는 어떻게 계산하고 신고하는가?

12월 말 법인의 경우에는 다음 해 1~2월 중에 회계결산을 하고, 3월 중에 법인세를 신고 및 납부한다. 물론 성실신고확인대상 법인은 4월 30일까지 신고하면 된다. 이러한 업무는 기업회계와 법인세 등의 실무지식이 있어야 하는 만큼 개인이 스스로 처리하는 것이 힘들다. 그래서 자체적으로 경리조직을 둬서 해결하든지, 아니면 외부의 세무사 등을 통해 처리를 해야 한다. 여기에서는 법인세 신고가 어떤 식으로 진행되는지 흐름 정도만 살펴보도록 하자.

1. 결산

12월 31일자로 모든 회계기록을 마감하는 것을 말한다. 이의 과정을 통해 다음과 같은 재무제표가 탄생한다.

- 손익계산서
- 재무상태표
- 현금흐름표
- 합계잔액시산표
- 잉여금처분계산서
- 각종 결산부속서류 등

2. 법인세 계산

앞의 결산을 통해 확정된 재무제표를 가지고 법인세법에서 정하고 있는 기준에 따라 세무조정을 실시한다. 그리고 다음과 같은 계산구조에 따라 법인세를 계산한다.

구분	계산구조		비고
각 사업연도 소득금액의 계산		결산서상 당기순이익	
	(+)	익금산입 및 손금불산입	소득금액조정합계표
	(−)	손금산입 및 익금불산입	
		차가감소득금액	
	(+)	기부금한도초과액	기부금명세서
	(−)	기부금한도초과이월액의 손금산입	법정 10년, 지정 10년
		각 사업연도소득금액	
과세표준		각 사업연도소득금액	자본금과 적립금조정명세서(갑)
	(−)	이월결손금	15년
	(−)	비과세소득	비과세소득명세서
	(−)	소득공제	소득공제조정명세서
		과세표준	

구분	계산구조		비고
산출세액	(×)	과세표준 세율 산출세액	2억 원 이하 9%, 2억 원 ~ 200억 원 19%, 200억 원 ~ 3천억 원 이하 21%, 3천억 원 초과 24%
차감납부세액 계산	(−) (+) (+) (−)	산출세액 감면·공제세액 가산세 감면분추가납부세액 총부담세액 기납부세액 차감납부할세액	공제감면세액 및 추가납부세액합계표(갑) 가산세액계산서 공제감면세액 및 추가납부세액합계표(을) 원천납부세액명세서

3. 법인세 검토

1) 일반 법인세

법인세가 전년도 또는 동종업계에 비해 많은지, 적은지 등을 검토하고, 세법상 문제가 없는지 등도 다각도로 검토한다.

2) 추가 법인세

장부가액이 적정하는지 등을 검토한다.

4. 신고 및 납부

1) 일반 법인의 법인세 신고 및 납부

다음 해 3월 중에 관할 세무서에 신고 및 납부를 한다.

2) 성실신고대상법인의 법인세 신고 및 납부

다음 해 4월 중에 관할 세무서에 신고 및 납부를 한다.

위에서 성실신고대상법인은 아래를 말한다. 자세한 내용은 법인세법 제60조의2를 참조하기 바란다.
- 부동산 임대업을 주된 사업으로 하는 등 대통령령으로 정하는 요건에 해당하는 내국법인
- 소득세법 제70조의2 제1항에 따른 성실신고확인대상사업자가 사업용 자산을 현물출자하는 등 대통령령으로 정하는 방법에 따라 내국법인으로 전환한 경우 그 내국법인(사업연도 종료일 현재 법인으로 전환한 후 3년 이내의 내국법인으로 한정한다)

Tip 법인세 신고 시 제출서류
- 법인세 신고서
- 세무조정 계산서
- 표준재무제표 등

1인 부동산 법인의 법인세 절세법은?

이제 1인 부동산 법인이 법인세를 절세하는 방법을 요약해보자. 자세한 내용들은 역시 세무사의 도움을 받을 수밖에 없지만, 1인 운영자의 입장에서 알아두면 좋을 내용들을 위주로 정리를 해보고자 한다.

Q. 결산은 언제 하는 것이 좋은가?

결산은 매월 하는 것이 원칙이나 여의치 않으면 최소 분기별로 하는 것도 나쁘지 않다. 그래야 세금관리가 잘 이뤄질 수 있다.

Q. 1년간의 실적이 없다면 법인세 신고를 하지 않아도 되는가?

그렇지 않다. 무실적이라도 신고를 해야 한다. 소소한 비용을 결손금으로 올려두면 나중에 사용할 수 있다.

Q. 올해 결손이 나서 법인세가 없다. 이 경우 작년에 낸 세금을 돌려받을 수 있다고 하는데 맞는 말인가?

세법상 중소기업에서 해당하면 올해 결손금을 전년도의 과세소득에 차감해서 법인세를 돌려받을 수 있는 제도가 있다. 이에 대해 법인세법 제72조에서 다음과 같이 규정하고 있다. 참고로 여기서 중소기업은 부동산 매매업도 해당사항이 있다. 알아두면 좋을 정보에 해당한다.

① 중소기업에 해당하는 내국법인은 각 사업연도에 결손금이 발생한 경우 대통령령으로 정하는 직전 사업연도의 법인세액을 한도로 제1호의 금액에서 제2호의 금액을 차감한 금액을 환급 신청할 수 있다.
1. 직전 사업연도의 법인세 산출세액(제55조의 2에 따른 토지 등 양도소득에 대한 법인세액은 제외한다)
2. 직전 사업연도의 과세표준에서 소급공제를 받으려는 해당 사업연도의 결손금 상당액을 차감한 금액에 직전 사업연도의 제55조 제1항에 따른 세율을 적용하여 계산한 금액

Q. 고용을 하면 법인세를 감면받을 수 있다고 하는데 부동산 매매업도 이에 해당하는가?

부동산 매매업도 이러한 감면을 받을 수 있는지에 대해서는 조특법상의 조세감면제도를 확인해야 한다. 예를 들어 조특법 제29조의 8에서는 내국인이 고용을 늘리면 1인당 최고 1,550만 원을 법인세에서 공제해준다. 그런데 이때 내국인은 소비성 서비스업을 제외한 업종을 영위하는 개인 및 법인사업자를 말한다. 부동산 매매업은 소비성 서비스업이 아니므로 당연히 법인세 감면을 받을 수 있다.

법인의 잉여금은 꼭 배당해야 하는가?

법인이 벌어들인 이익 중 일부를 법인세로 납부하면 세후 잉여금이 남게 된다. 이러한 잉여금은 법인에 투자한 주주들의 몫이어서 사업연도 중이나 결산 때 받든지, 아니면 회사를 청산할 때 정리를 해도 된다. 하지만 이 배당금을 받을 때에는 소득세가 부과된다는 점이 부담으로 작용한다. 여기에서는 세후 잉여금을 관리하는 방법 등에 대해 알아보자.

1. 잉여금을 관리하는 방법

법인이 보유하고 있는 잉여금은 크게 세 가지 형태로 관리가 가능하다.

첫째, 잉여금을 청산 시까지 보유하는 방법이다.

잉여금을 중간에 배당하지 않고 청산할 때 한꺼번에 배당할 수도 있다. 다만, 잉여금이 많으면 주식 가치가 높아져 향후 상속이나 증여 시에 불리할 수 있다. 따라서 적절한 배당은 필수라는 생각들이 많다.

둘째, 잉여금을 퇴직급여 등으로 대체하는 방법이다.

퇴직급여를 많이 계상하게 되면 결과적으로 잉여금이 축소된다는 논리가 들어 있다.

셋째, 잉여금을 배당으로 관리하는 방법이다.

배당은 잉여금을 직접적으로 줄이는 것으로 중간배당(1회), 결산배당 등 회사의 내부정책에 따라 자유롭게 진행할 수 있다. 이때 지분이 적은 자녀 등에게 배당을 더해도 법인세법상 부당행위계산의 부인규정이 적용되지 않는다.

※법인세법 기본통칙 52-88…4[차등배당결의에 대한 부당행위계산의 부인]

배당을 함에 있어서 지배주주 등인 법인에게는 배당을 하지 아니하고 기타 주주 등에게만 배당을 하는 경우에 지배주주 등인 법인과 배당을 하는 법인 간에는 부당행위계산 부인규정이 적용되지 아니한다. 다만, 주주총회에서 지배주주에 대한 배당결의를 한 후 3개월이 경과할 때까지 해당 배당금을 지급하지 아니함으로써 '소득세법 시행령' 제191조 제1항의 규정에 따라 지급한 것으로 의제되는 금액은 배당결의 후 3개월이 경과하는 날에 지배주주 등이 동 금액을 대여한 것으로 본다(2019. 12. 23 개정).

2. 배당으로 처리하는 방법

배당은 결산 때 주주총회를 거쳐 지급되는 것이 원칙이나 사업연도 중에 1회 내에서의 중간배당도 가능하다.

1) 균등배당을 하는 경우

법인이 보유하고 있는 이익잉여금은 주주총회 결의에 따라 배당금 등으로 처분할 수 있다. 다만, 배당금을 현금으로 지급할 경우에는 현금배당금액의 10%를 자본금 1/2에 달할 때까지 이익준비금으로 적립해야 한다. 참고로 배당소득의 귀속은 이익잉여금 처분결의일이 속하는 연도가 된다.

예를 들어 이익잉여금 처분 결의를 2023년 3월에 하는 경우 2023년의 배당소득에 해당한다는 것이다. 다만, 법인이 배당으로 잉여금 처분을 결정한 날부터 3개월이 되는 날까지 지급하지 아니한 경우에는 그 3개월이 되는 날에 그 배당소득을 지급한 것으로 본다. 물론 지급시점에서는 지급금액의 15.4%상당액을 소득세와 지방소득세로 원천징수해야 한다.

2) 초과배당을 하는 경우

종전에는 각 주주들이 소유하고 있는 주식의 수에 따라 배당금을 지급하지 않은 경우로서 균등한 조건에 의해 지급받을 배당금을 초과하는 금액을 소득세법상 배당소득으로 보아 소득세가 과세되는 경우에는 상증법 제2조 제2항에 따라 증여세를 과세하지 않았다(재재산-927, 2011. 10. 31.).

하지만 2016년부터는 자신이 받을 배당금을 포기함에 따라 이를 특수관계에 있는 자녀 등이 받게 되면, 그 자녀는 증여세와 소득세 상당액 중 큰 세액을 납부하는 식으로 규정이 다음과 같이 신설되었다(상증법 제41조의 2).

※ 초과배당에 대한 증여세 과세(상증법 제41조의 2)

최대주주 등의 특수관계인이 최대주주 등이 포기한 배당금을 본인의 보유지분을 초과하여 받은 경우 이를 증여받은 것으로 보아 아래의 금액에 대해 증여세를 부과한다.

· 초과배당금액 = 특정주주[*1]의 (배당금액 − 균등배당액[*2])

$$\times \frac{\text{특정주주와 특수관계가 있는 최대주주 등의 (균등배당액 − 배당금액)}}{\text{과소배당 받은 주주 전체의 (균등배당액 − 배당금액)}}$$

[*1] 최대주주 등의 특수관계인인 주주
[*2] 보유지분에 따라 받을 배당금액

그런데 이 규정이 조세회피에 활용되자 정부와 국회에서는 2021년 1월 1일부터 초과배당액에 대해서는 소득세와 증여세를 모두 부과하는 식으로 세법을 개정했다. 따라서 앞으로 초과배당의 실익은 거의 없을 것으로 보인다. 결국 법인이 보유한 배당금은 주주의 지분별로 관리가 되어야 하므로 주주 재구성에 관심을 두도록 한다. 참고로 이때 주식을 양도나 증여 등의 방법으로 이동시킬 때에는 세법상 주식평가제도에 유의해야 하는 한편, 세금의 크기 등에도 주의해야 한다.

Tip 잉여금 관리법

① 잉여금 발생 시
이익잉여금에 상당하는 자산이 없으면 가지급금의 수반을 불러일으킨다는 점에 유의해야 한다. 따라서 자산관리를 정교히 해야 한다.

② 잉여금 보유 시
· 잉여금이 많으면 기업가치에 영향을 주므로 적정 배당 등을 검토할 필요가 있다. 참고로 배당금으로 가지급금을 상환하면 가지급금이 없어진다.
· 잉여금을 자본으로 전입하는 경우에는 무상주에 대한 의제배당을 검토해야 한다.

③ 잉여금 처분 시
· 잉여금처분 금액은 원칙적으로 법인의 손금으로 인정되지 않음에 유의해야 한다.
· 현금배당 시는 상법상의 이익준비금을 적립하는 한편, 배당금 지급 시 14%(지방소득세 포함 시 15.4%)를 원천징수해야 한다. 한편 이를 지급받은 주주는 금융소득 종합과세제도에 유의해야 한다.[6]
· 초과배당을 하는 경우 소득세와 증여세가 모두 과세됨에 주의해야 한다.

---

6) 한 해에 배당소득과 이자소득의 합계액이 2천만 원을 초과하면 금융소득 종합과세가 적용되므로 이 금액을 넘지 않도록 하는 것이 좋다. 참고로 배당소득은 건강보험료 산정에도 영향을 주므로 이 부분도 감안할 필요가 있다.

| 심층분석 | 셀프로 장부 관리하는 방법

세법은 법인으로 하여금 장부를 작성해서 이를 일정한 기간 내에 보관하도록 하고 있다. 언제든지 조사 등을 가능하게 하기 위해서다. 물론 이러한 장부를 작성하지 않거나 비치하지 않으면 가산세를 부과한다. 여기에서는 법인의 장부작성의무 등에 대해 알아보자.

1. 법인의 장부 비치·기장의무

법인세법 제112조에서는 다음과 같이 법인의 장부 비치·기장의무를 두고 있다.

> 납세의무가 있는 법인은 장부를 갖추어 두고 복식부기 방식으로 장부를 기장하여야 하며, 장부와 관계있는 중요한 증명서류를 비치·보존하여야 한다.

위의 규정에서 보면 법인의 장부는 복식부기 방식으로 작성하도록 하고 있다. 복식부기는 모든 회계상의 거래를 차변과 대변으로 구분해서 장부에 기입하는 방식을 말한다. 따라서 어떤 물건을 사게 되면 다음과 같이 회계처리를 하게 된다.

(차변) 소모품비 (대변) 현금

이렇게 매일 거래된 결과는 결산과정을 거쳐 손익계산서와 재무상태표 등에 집계된다.

2. 의무 불이행 시 가산세

법인세법 제75조의 3에서는 법인이 장부의 기록·보관의무를 이행하지 않으면 다음과 같이 가산세를 부과한다.

> ① 내국법인이 제112조에 따른 장부의 비치·기장 의무를 이행하지 아니한 경우에는 다음 각 호의 금액 중 큰 금액을 가산세로 해당 사업연도의 법인세액에 더하여 납부하여야 한다.
> 1. 산출세액의 100분의 20
> 2. 수입금액의 1만분의 7
> ② 제1항에 따른 가산세는 산출세액이 없는 경우에도 적용한다.

Q. 장부는 의무적으로 몇 년 보관해야 하는가?

5년간 의무적으로 보관해야 한다. 증빙도 마찬가지다.

Q. 법인이 장부를 작성하지 않으면 어떻게 신고할까?

이 경우 개인처럼 경비율이라는 제도를 사용할 수 없다. 따라서 매출이 확인되면 이에 관련된 비용을 입증하는 식으로 법인세를 계산하는 것이 원칙이다. 다만, 장부 등이 소실된 경우에는 추계방식에 의해 과세가 될 수도 있다.

Q. 본인이 직접 장부를 작성할 수 있는가?

장부는 매일의 회계기록을 정리한다는 의미도 있지만 그뿐만 아니라, 재무제표를 만들고 법인세신고를 하는 것까지를 의미한다. 따라서 개인이 이러한 업무를 하는 것이 사실상 쉽지가 않은 것이 현실이다. 참고로 스스로 할 때에는 다음과 같은 재무제표를 기본적으로 만들 수 있어야 한다.

- 손익계산서
- 재무상태표
- 합계잔액시산표 등

Q. 외부 세무사에게 장부작성을 대행하면 기장료는 어떻게 나오는가?

매월 단위 또는 법인세 신고 때 일괄적으로 협의된 수수료가 발생한다. 이 외 법인세 신고서 작성에 따른 세무조정료가 별도로 발생한다.

Tip 회계자료는 어떻게 정리를 해야 할까?

앞의 내용을 보면 법인세 신고를 위해 1인 부동산 법인이 스스로 장부를 작성하는 것은 쉽지 않음을 알 수 있다. 스스로 하기 위해서는 회계지식이 있어야 하고, 장부작성 프로그램이 있어야 한다. 따라서 이러한 환경이 조성되지 않은 경우에는 차선책으로 다음과 같은 형식으로 내부관리를 하는 것이 좋을 것으로 보인다.

날짜	입금	출금	거래내역	계정과목 등

부동산 투자 형태의
결정 개인과 법인의 선택

# 개인과 법인의 차이점은?

평소 법인에 대해 관심을 두지 않는 사람들이 갑자기 법인을 생각하면 머리가 아플 수밖에 없다. 법인이라는 실체를 만들고 이를 유지하는 과정에서 다양한 업무들이 파생하기 때문이다. 특히 법인은 주주와 채권자 등을 보호하는 조치가 많아 마치 개인처럼 운영하다가는 관련 법률에 따라 다양한 제재를 받을 수 있다. 따라서 법인을 시작하기 전에 개인과 법인의 특징을 잘 이해하는 것이 무엇보다도 중요하다. 이에 대해 살펴보자.

1. 개인

개인이 사업을 하는 경우에는 다음과 같은 특징을 갖는다.

1) 경영활동

사업의 모든 이익과 책임은 사업자 본인에게 귀속된다. 따라서 모든 경영활동은 사업자 본인 위주로 흘러간다. 이러한 이유로 형법이나 상법 등이 관여할 여지가 별로 없다.

2) 세금부담

사업자들은 사업에서 벌어들인 수입에서 사업비용을 차감한 이익에 대해 종합소득세율로 계산된 소득세를 납부하는 것으로 납세의무가 종결된다. 참고로 사업자의 급여는 이익처분에 해당되어 사업자의 비용으로 인정되지 않는다.

3) 이익의 분배

이익에서 세금을 차감한 후의 남은 금액은 모두 사업자에게로 귀속된다.

2. 법인

법인은 앞의 개인과는 다른 특징을 가진다.

1) 경영활동

사업의 모든 이익과 책임은 보유한 지분한도 내에서 본인에게 귀속한다. 따라서 법인의 모든 경영활동은 주주 위주로 흘러간다. 법인은 주주의 유한책임으로 인해 자칫 채권자 등에 대한 보호가 안

될 가능성이 있다. 그래서 입출금 등을 무분별하게 하면 형법이나 상법, 세법 등이 관여해 이러한 행위를 제재한다.

2) 세금부담

법인은 법인이 벌어들인 이익에 대해 법인세율로 계산된 법인세를 납부하는 것으로 납세의무가 종결된다. 이때 대표이사의 급여는 법인이 지출하는 비용에 해당한다. 앞의 개인과 차이가 나는 대목이다.

3) 이익의 분배

이익에서 세금을 차감한 후 남은 금액은 일단 법인에게 귀속된 후, 법인의 배당정책에 따라 주주에게로 귀속된다.

3. 개인과 법인의 비교

1) 일반적인 내용 비교

개인의 사업과정은 아주 단순하다.

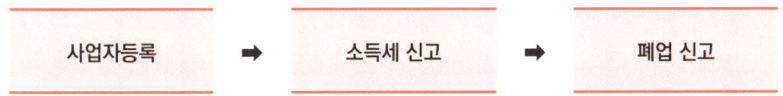

하지만 법인은 그 과정이 복잡하다.

　법인은 법에 의해 실체를 인정해야 하므로 설립등기제도가 있다. 또한 잉여금 발생하면 상법에 따른 절차에 따라 주주들에게 배당하는 절차가 있다. 이러한 특징으로 인해 법인은 개인보다 다양한 법률들이 개입하게 된다.

2) 세무회계의 비교

구분		개인	법인
소득세·법인세	근거법	소득세법	법인세법
	과세대상 소득	총수입금액-필요경비	익금총액-손금총액
	세율	6~45%의 누진세율 (지방소득세 : 소득세의 10%) 비교과세	9~24% (지방소득세 : 법인세의 10%) 추가과세
	신고·납부	다음해 5. 1 ~ 5. 31	결산 종료일로부터 3월 말일까지
	기장의무	수입금액에 따라 간편장부 및 복식부기자로 구분	복식부기에 의해 작성
	세무회계차이	· 소득개념은 소득원천설 · 부동산 처분손익은 양도세로 분류 과세 · 대표자에 대한 인건비는 필요경비로 인정 안 됨. · 자금 초과 인출 시 초과 인출분에 대한 지급이자 인정 안 됨.	· 순자산증가설 · 법인세로 과세 · 비용으로 인정 · 지급이자에 대한 다양한 규제 있음
기타 세목	부가가치세	반기별 2회 확정신고 (예정신고는 고지납부)	분기별 4회 신고 (일정한 법인은 2회)
	원천징수	원천징수제도 있음.	원천징수제도 있음.
계좌사용의무		있음(사업용 계좌제도).	명시적으로는 없음.
성실신고확인제도		있음.	있음.
외부감사제도		적용되지 않음.	감사인의 감사를 받음.

Tip 6~45%와 9~24%의 구조 비교

앞의 소득세율과 법인세율의 구조를 비교하면 다음과 같다.

구분	소득세	법인세
1,400만 원 이하	6%	9%
5,000만 원 이하	15%	
8,800만 원 이하	24%	
1.5억 원 이하	35%	
2억 원 이하		
3억 원 이하	38%	19%
5억 원 이하	40%	
10억 원 이하	42%	
10억 원 초과	45%	
200억 원 이하		
3천억 원 이하		21%
3천억 원 초과		24%

앞의 세율구조를 보면 대부분의 구간에서 법인세율이 낮다는 것을 알 수 있다. 다만, 이러한 정보만을 가지고 법인세가 더 유리하다는 식의 결론을 내려서는 안 된다.

부동산 법인의 장점과 단점은?

이제 앞에서 본 내용 등을 토대로 부동산 법인의 장점과 단점을 알아보자. 장단점을 동시에 파악하는 것은 부동산 법인의 설립 및 운영에 상당히 중요한 역할을 할 것이다.

1. 부동산 법인의 장점

1) 주택 수의 분산에 따른 세제상의 이익향유

개인이 주택을 많이 보유하고 있으면 취득세, 보유세, 양도세 등이 가중된다. 따라서 이러한 상황에서 법인과 분산해서 이를 보유하면 당연히 개인의 세금이 줄어들게 된다. 물론 법인 앞으로 세금이 증가될 수 있으나 전체적으로 세금의 양이 줄어드는 것이 일반적이다. 따라서 이러한 상황에서는 법인 설립의 이점이 발생한다.

앞의 내용대로 주택을 법인과 같이 분산소유하게 되면 다음과 같은 효과를 얻을 수 있다.

- 취득세가 줄어들 수 있다. 단, 2020년 8월 12일부터는 이러한 효과를 누릴 수 없게 되었다.
- 종부세가 줄어들 수 있다. 단, 주택 수 분산으로 개인의 종부세는 줄어들 수 있으나, 법인의 종부세가 더 증가해 전체적으로 종부세가 늘어날 수 있다.
- 양도세 비과세받기가 수월해진다.[1] 단, 2021년 1월 1일 이후부터 다주택자들이 주택을 처분한 경우 최종 1주택을 보유한 날로부터 2년 이상 보유해야 비과세를 적용받을 수 있다는 점에 유의해야 한다(단, 이 제도는 2022년 5월 10일부로 폐지됨).

2) 세후 처분이익의 증가

개인이 중과세 대상 주택을 양도하면 통상 차익의 60~70% 정도 세금이 나오는데, 법인은 29~39% 수준에서 나온다. 물론 법인의 주주가 받은 배당금에 대해 14% 이상의 소득세가 추가되므로 총세금은 더 증가할 수 있다. 하지만 배당을 적정하게 관리하면 양도세 중과세보다 세부담이 더 낮은 것이 일반적이다.[2]

3) 다양한 소득의 창출

법인의 주주 등에 해당하면 다음과 같이 소득을 다양하게 창출

---
1) 이 부분에서 법인의 장점이 도드라진다.
2) 이 외 단기매매에 고율의 양도세 등을 부과받을 때에도 법인의 세금이 더 낮을 수 있다.

할 수 있다.

- 배당을 받을 수 있다.
- 임직원으로 취업해 급여(상여, 퇴직급여 등 포함)를 받을 수 있다.
- 주식을 양도해서 차익을 얻을 수 있다.
- 부수적으로 4대 보험료도 조절을 할 수 있다.

4) 부의 이전이 용이

자녀 등에게 배당금을 지급하거나 주식을 무상 이전할 수 있다.

2. 부동산 법인의 단점

1) 관리비용의 증가

법인은 형법이나 민법, 그리고 상법과 세법 등에 의해 규제를 받고 있는 만큼 법에서 정하는 것들을 지키기 위해 관리비용이 증가하게 된다.

- 본점이나 대표이사 주소 등이 변경되는 경우 : 14일 내에 법인 등기부등본상 변경등기를 해야 함. 이를 위반하면 과태료가 발생함.
- 법인의 자금을 유용하는 경우 : 형법상 횡령·배임죄가 될 수 있음. 이 외 세법은 법인과 대표이사에게 법인세와 소득세를 추가함.

이 외에도 장부작성이나 각종 세무신고 등을 이행해야 하므로 당연히 관리비용이 증가한다.

2) 법인청산의 문제

법인은 일정한 절차에 따라 설립하면 되지만, 이를 그만두고 싶을 때 다음과 같은 문제가 발생한다.

- 잔여재산(소득)이 있는 경우 : 청산소득에 대해 법인세가 과세된다.
- 잔여재산을 주주가 분배받는 경우 : 주주에게 배당소득세가 부과된다.
- 청산절차를 이행하는 경우 : 잔여재산을 산정하고 청산등기 등을 수행하는 과정에서 회계 및 세무비용, 등기비용 등 청산비용이 발생한다.

※ 법인세과-41, 2010. 01. 12

[제목]
청산절차 진행 중에 일부 잔여재산을 분배받은 경우 세무처리방법

[요지]
해산으로 인한 잔여재산가액이 확정되기 전에 잔여재산의 일부를 분배받은 경우 그 분배받은 잔여재산가액 중 해산법인의 주식을 취득하기 위해 소요된 금액을 초과하는 금액은 분배받은 날이 속하는 사업연도의 배당소득에 해당하는 것임.

3) 세금측면

세금측면에서는 법인이 개인보다 유리할 가능성이 높다. 하지만 어떤 경우에는 법인이 불리할 수도 있다. 이를 요약하면 다음과 같다.

- 취득세 및 보유세 중과세가 적용되는 경우 : 2020년 7·10대책에 의해 취득세가 12%, 종부세가 5% 등으로 중과세가 적용되면 개인에 비해 법인이 불리할 가능성이 높다.
- 주주와 대표이사 등 임원의 경우 : 법인세법과 상증법 등에서는 이들을 대상으로 다양한 규제를 하고 있어 세금이 증가되는 경우가 많다.
- 세무조사의 경우 : 개인들은 세무조사의 가능성이 높지 않으나, 법인들은 마음만 먹으면 언제든지 조사의 가능성이 열려 있다.

Tip 쉽게 생각해서는 안 되는 부동산 법인

세금 때문에 부동산 법인을 생각하는 경우가 많은데, 정작 법인에 대한 이해가 부족한 상태에서 설립하는 경우 낭패를 당할 수 있다. 법인의 주식을 100% 소유하고 있더라도 법인과 개인은 분리가 되며, 법인은 상법이나 형법, 세법 등에서 다양한 방법으로 규제하고 있기 때문이다. 따라서 법인을 설립하고자 하는 경우에는 모든 법률을 통제할 수 있어야 한다.

부동산 법인을 하면
안 되는 경우와 하면 좋은 경우는?

　법인은 설립등기로 태어나서 청산등기를 함으로써 사라진다. 따라서 법인이 존속하는 기간에 사업을 진행하는 형태가 된다. 물론 여기서 사업이라는 것은 계속적, 반복적으로 영리활동을 하는 것을 말한다. 하지만 이 과정에서 법에서 주어진 의무를 이행하고 있는지 다양한 법률에 의해 늘 감시를 받게 된다. 그래서 섣불리 법인을 하겠다고 하면 안 된다는 것이다. 이에 대해 좀 더 세부적으로 알아보자.

1. 법인을 하면 안 되는 경우

　다음과 같은 경우에는 가급적 법인을 설립하지 않는 것이 좋다. 이익도 없는데 법인을 가지고 있어봤자 스트레스만 쌓인다.

첫째, 목적이 불분명한 경우다.

남들이 하니까 또는 누가 하라고 부추겨서 마지못해 설립하는 것은 금물이다. 설립할 때 돈도 들어가고, 이를 유지하는 데도 돈이 들어가며, 청산을 할 때에도 돈이 들어가기 때문이다. 친구 따라 강남 갔다가 집에 돌아오지 못할 수도 있다. 독자들의 경우 이 책을 두세 번 본 후에 최종 판단을 내려도 늦지 않다.

둘째, 거래횟수가 적은 경우다.

한두 건 거래한다고 법인을 설립하면 관리비용 등 불필요한 비용만 증가될 수 있다. 따라서 이때에는 법인을 아예 쳐다볼 생각을 하지 않는 것이 좋다.

셋째, 중과세가 적용되지 않는 경우다.

양도세 중과세가 적용되지 않는 상황에는 개인 매매사업이 더 좋을 수 있다. 다음의 내용을 참조하자.

2. 법인 설립 이전에 개인사업으로 하면 좋은 경우

법인을 통해 매매 등을 하게 되면 관리비용의 증가 및 청산, 세무조사 등의 문제를 비켜나갈 수 없다. 따라서 그 이전에 개인이 사업자등록을 내서 투자해보는 것도 나쁘지 않다. 사업자들은 기본적으로 종합소득세 과세표준에 6~45%를 적용하면 되기 때문에 법인보다 더 세금이 적을 가능성도 있다.[3] 다만, 소득세법상 중과세 대상

---

[3] 도배, 장판교체비, 이자 등도 모두 비용 처리를 하는 장점이 있다.

주택(비사업용 토지 포함)은 ① 6~45%로 적용하는 것과 ② 양도세 중과세율로 적용한 것 중 많은 세액을 납부하도록 하는 '비교과세'가 적용되므로 이 경우에는 개인사업자로서의 실익은 거의 없다.

이 외에도 부동산 매매사업자들이 핸디캡을 갖는 것 중 하나는 일반주택에 대한 양도세 비과세를 받기가 상당히 어렵다는 것이다. 사업용으로 보유한 주택이 개인이 보유한 주택으로 취급되면 다주택자가 되기 때문이다. 다주택자가 되면 비과세를 받기가 힘들다는 것은 삼척동자도 아는 사실이다. 그래서 개인이 보유한 주택에 대해 양도세 비과세를 받으려면 차라리 법인을 설립하는 것이 더 나을 수 있다.

3. 법인을 하면 좋은 경우

법인을 하면 좋은 경우는 다음과 같다.

첫째, 양도세 비과세를 받고자 하는 경우다.
개인이 다주택 상태에서는 양도세 비과세를 받기 힘든데, 이 경우 비과세 주택 외의 다른 주택을 법인에서 관리하면 쉽게 양도세 비과세를 받을 수 있다. 법인과 개인의 주택은 별개에 해당하기 때문이다. 그런데 이 부분이 실무적으로 논란거리다. 개인이 양도하면 중과세 등을 적용받는데, 법인에게 모두 주택을 넘긴 후에 개인 주택을 양도해 비과세를 받으면 조세회피라고 볼 가능성도 있기 때문이다. 하지만 현행의 세법의 기술로서는 이를 제어하는 것이 쉽지가 않아 보인다. 개인과 법인의 법체계가 민법부터 상법, 그리고 세법 등까지 수십 년 동안 일관되게 개별적으로 작동되어왔기 때문이다. 자세한 것은 뒤에서 분석한다.

둘째, 부동산을 사업적으로 매매를 하고자 하는 경우다.

사업적으로 매매하는 업을 부동산 매매업이라고 하는데, 개인이 사업자등록을 내서 할 수도 있고, 법인이 할 수도 있다. 그렇다면 어떤 경우에 법인이 유리할까?

① 개인매매사업자에게 비교과세가 적용되는 경우

개인매매사업자가 중과세 대상 주택을 양도하면 비교과세가 적용되어 양도세 중과세를 적용받는다. 따라서 이러한 주택을 개인이 매매하는 것은 이득이 없다. 하지만 법인으로 매매하면 세금차이에 의해 개인사업자보다는 다소 유리한 결과를 얻을 수 있다.

☞ 정부로서는 이 부분도 주목해서 법인의 이점을 없애기 위해 노력할 가능성이 높다. 추가 법인세율을 높이면 되기 때문이다.

② 개인매매사업자에게 일반과세가 적용되는 경우

이 경우에는 법인이 유리한지, 개인이 유리한지는 상황별로 달라진다.

셋째, 상가나 빌딩은 처음부터 법인이 유리할 수 있다.

최근 세법이 개정되어 부동산 임대업에 대해서는 취득세 감면 등이 박탈되었다. 따라서 상가나 빌딩 등을 구입할 때에는 미리 법인으로 취득하는 것이 좋을 것으로 보인다. 법인으로 임대업을 영위하면 비용처리 등에서 다양한 효과를 누릴 수 있다.

4. 결론

이상의 내용으로 보건대 법인이 필요한 경우와 없는 경우가 명확히 구분이 되고 있다. 따라서 무작정 법인 설립은 하지 않기를 바란다. 물론 하더라도 설립 이후의 세무회계문제에 신경을 써야 한다. 물론 세무사가 뒤에서 편의를 봐주겠지만, 어디까지나 그들은 조력자에 불과한 것이지 경영의 당사자는 아니다. 법인의 경영자가 스스로 모든 상황을 통제해야 함을 절대로 잊어서는 안 된다.

Tip 부동산 법인을 운영하는 루트

법인을 염두에 둘 때에는 다음과 같은 과정을 밟을 수 있다. 물론 이러한 안들은 절대적인 것은 아님에 유의해야 한다.

· 제1안 : 처음부터 법인을 설립하는 방법
· 제2안 : 개인사업자로 운영 후에 법인을 설립하는 방법

양도세 비과세를 받기 위해 법인을 설립하면 진짜 효과가 있을까?

 법인을 하면 좋은 이유 중에 가장 명확하게 이해할 수 있는 것 중 하나가 바로 법인을 활용해 개인의 양도세를 비과세 받는 것이다. 예를 들어 어떤 사람이 2주택 이상을 보유하고 있다고 하자. 이러한 상황에서 양도세 비과세를 받기 위해 다른 주택을 법인에게 양도했다고 하자. 이 경우 개인용 주택 수가 1채에 해당되어 양도세 비과세를 받을 수 있게 된다. 그렇다면 이러한 모형이 실제 효과가 있는지 다음 사례를 통해 검토해보자.

〈사례〉
서울에 거주하고 있는 K씨는 다음과 같이 주택을 보유하고 있다고 하자. 다음 물음에 답해보자.

구분	취득연도	양도예상가액	취득가액
A주택	2010년 12월 31일	9억 원	5억 원
B주택	2020년 12월 31일	7억 원	5억 원

Q. A주택을 2023년 12월 31일까지 양도하면 일시적 2주택으로 비과세를 받을 수 있다고 하자. 이 경우 양도세는 얼마나 나오는가?

없다. 12억 원(2021. 12. 8 이후 적용) 이하의 주택이 비과세를 받으면 양도차익 전액에 대해 비과세를 받을 수 있기 때문이다.

Q. A주택을 2023년 12월 31일 후에 양도하면 일시적 2주택으로 비과세를 받을 수 없다고 하자. 이 경우 양도세는 얼마나 나오는가? 단, 양도세에 대해 중과세가 적용되는 경우와 일반과세가 적용되는 경우를 비교해보자.

구분	중과세가 적용되는 경우	일반과세가 적용되는 경우
양도차익	4억 원	4억 원
장기보유특별공제율(가정)	0%	20%
– 장기보유특별공제	0원	8천만 원
= 과세표준	4억 원	3억 2천만 원
× 세율	40%+20%	40%
–누진공제	2,594만 원	2,594만 원
= 산출세액	2억 1,406만 원	1억 206만 원

Q. A주택에 대해 비과세를 받기 위해서는 이 주택을 비과세 처분기한 내에 양도해야 한다. 이때 자신이 세운 법인에게 양도해도 비과세가 적용되는가?

그렇다. 개인의 소유권에서 벗어나면 되기 때문이다. 이 점이 상당히 파괴력이 있다. 다만, 법인에게 양도하기 전에 미리 법인 설립이 되어 있어야 한다.

Q. 법인이 A주택을 취득하면 어떤 세금문제가 발생하는가?

2020년 8월 12일 이후부터 법인이 주택을 취득하면 기본적으로 12%의 취득세가 발생한다.

Q. 만일 K씨가 B주택을 법인에게 양도하면 어떤 결과가 나오는가?

일단 B주택을 법인에게 양도하면 개인은 양도세가 부과된다. 그런 다음 남은 A주택을 1세대 1주택으로 양도하기 위해서는 2년 이상 보유(거주)하면 되는데, 이때 보유기간의 기산일은 당초 취득일을 기준으로 한다(2022년 5월 10일 이후는 보유기간 재기산제도가 폐지됨).

Q. 법인이 A주택이나 B주택을 취득한 후 양도하면 어떤 세금을 내야 하는가?

취득한 이후에는 보유세와 법인세를 내게 된다. 이 중 법인세는 일반 법인세와 추가 법인세 등 두 가지의 종류가 있다. 한편 법인의 잔여이익을 배당받으면 배당소득세, 이후 청산을 하게 되면 청산법인세가 발생한다.[4]

구분	세율	비고
법인소득	9~19%	관리 가능
양도소득	20%	관리 불가능
배당소득	14%	관리 가능
청산소득	9~19%	관리 불가능
계	52%~	

---

4) 청산 시 잔여재산가액을 주주에게 분배하면 이에 대해서 배당소득세가 부과될 수 있다.

잉여금을 모두 배당소득으로 처리하더라도 이익준비금이 남아 있고, 부동산 등의 가치가 상승하면 잔여재산가액이 늘어나 청산소득이 발생한다.

Tip 비과세를 받은 후 법인을 청산하면 어떤 문제가 있을까?

이와 같이 개인의 양도세 비과세를 받기 위해 법인을 설립하면 비과세 효과로 누릴 수 있는 효익이 큰 경우가 많다. 그렇다면 개인이 양도세 비과세를 받은 후 바로 법인을 청산하면 문제가 없을까? 그렇다. 개인이 양도하는 것과 법인을 청산하는 행위는 관련성이 없기 때문이다. 다만, 무턱대고 청산을 하게 되면 청산법인세 등이 나올 수 있으므로 이에 대해서는 주의를 해야 한다.

양도세가 중과세되는 상황에서 법인으로 양도하는 것이 더 유리할까?

개인이 양도한 주택에 중과세가 적용되면 많은 양도세가 나온다. 그리고 이러한 주택을 개인이 사업자등록을 내서 매매하더라도 같은 세금을 내야 한다. 최근 이를 타개하는 관점에서 법인 설립이 시도되고 있다. 그렇다면 법인으로 매매하면 세금이 줄어들까?

1. 개인의 양도세 중과세

양도세 중과세가 적용되면 장기보유특별공제제도가 적용배제되고, 2021년 6월 1일부터 보유기간에 상관없이 2주택 중과세율은 6~45%+20%p, 3주택 중과세율은 6~45%+30%p가 적용된다(참고로 2년 이상 보유한 주택은 2022년 5월 10일부터 2년간 중과세가 적용되지 않지만, 2년 미만 보유한 주택은 이 제도가 계속 적용됨에 유의해야 한다).

위의 내용을 요약하면 다음과 같다.

구분	내용	비고
장기보유특별공제	적용배제	2021. 6. 1 이후 양도분부터 적용
2주택 중과세5)	26~65%	
3주택 중과세	36~75%	

예를 들어 양도차익 2억 원이 발생한 경우 2주택 중과세는 평균적으로 60%, 3주택 중과세는 70% 정도가 부과되어 1억 2천~1억 4천만 원 정도의 양도세가 예상된다. 참고로 앞의 중과세제도는 조정대상지역6) 내의 주택에 대해 적용된다.

2. 법인의 일반 법인세와 추가 법인세

법인이 주택을 양도하면 다음과 같이 두 가지의 법인세가 발생한다.

- 일반 법인세 : 보유기간에 상관없이 9~24%가 적용된다.7)
- 추가 법인세 : 보유기간에 상관없이 20%(비사업용 토지는 10%)가 추가로 적용된다. 이 추가 법인세는 주택건설사업자의 주택을 제외하고 무조건 적용한다.

위의 내용을 요약하면 다음과 같다.

---

5) 단기보유에 따른 세율과 중과세율 등 2개의 세율이 동시에 적용되는 경우에는 그 중 높은 세율을 적용한다. 예를 들어 3주택 중과세율이 적용되는 주택을 1년 미만 보유 후 양도하면 세율은 Max[70%, 6~45%+30%p]가 적용된다. 주의하기 바란다.
6) 조정대상지역, 투기과열지구 등에 대한 최신의 정부는 대한민국 전자관보에서 검색할 수 있다. 중과세제도에 대해서는 저자의 다른 책을 참조하기 바란다.
7) 법인세율은 9~24%이지만, 이익이 200억 원 이하이면 최고세율이 19%가 적용된다.

구분	세율	비고
일반 법인세	9~19%	2억 원 이하는 10%
추가 법인세	20%	비사업용 토지는 10%
계	29~39%	

위의 경우처럼 2억 원의 양도차익에 대해 일반 법인세 9%와 추가 법인세 20% 등 30%의 세율이 적용되면 약 6천만 원의 법인세가 예상된다.

3. 결론

양도세 중과세가 적용되는 경우에는 개인이 이를 양도하는 것은 실익이 없다. 1억 2천만 원 이상의 양도세가 예상되기 때문이다. 따라서 이 경우에는 법인으로의 투자 유인이 생긴다. 법인으로 양도하면 6천만 원 정도의 법인세를 부담하면 되기 때문이다. 따라서 6천만 원의 차액을 얻을 수 있다. 다만, 법인을 운영할 때 추가되는 세금문제가 발생하므로 이 금액 내에서 다음의 항목들을 관리해야 할 필요성이 발생한다.

- 취득세 추가(중과세) 발생
- 보유세 추가(중과세) 발생
- 배당소득세 발생
- 기타 관리비용 발생 등

부동산을 사업적으로 매매하면 개인보다 법인이 유리할까?

부동산을 자주 사고파는 것은 세법상 사업에 해당한다. 그리고 이 업을 영위하는 사업자를 매매사업자라고 한다. 물론 이 사업은 개인이 영위할 수 있고, 법인이 영위할 수도 있다. 그 결과, 누가 업을 영위하느냐에 따라 세금의 종류가 달라진다. 전자는 종합소득세, 후자는 법인세가 된다. 그렇다면 어떤 사업유형이 세금이 적게 나올까?

1. 개인매매사업자의 과세방식

1) 일반과세가 적용되는 경우

개인이 매매사업을 하는 경우, 수입에서 비용 및 소득공제액을 차감한 종합소득 과세표준에 6~45%의 세율을 적용해 종합소득세를 계산한다. 예를 들어 주택의 매매차익이 2억 원이나 이자 등 일반관리비가 1억 원 발생했다면, 이 사업자의 이윤은 1억 원이 된다. 이에 35%의 세율과 1,544만 원의 누진공제액을 차감하면 1,956만 원의 산출세액이 나온다.

2) 비교과세가 적용되는 경우

해당 주택이 양도세 중과세 대상이고, 이를 매매사업자가 양도하는 경우에는 종합소득세와 양도세 중 많은 세금을 내야 하는데, 이를 '비교과세'라고 한다. 따라서 이에 해당하면 양도세 중과세를 적용하므로 양도차익 2억 원 중 60~70% 정도의 세금을 내야 한다.

3) 소결론

개인이 부동산 매매업을 영위하기 위해서는 해당 주택이 비교과세가 적용되지 않아야 효익이 있다. 이때 일반과세가 적용되면 다음과 같은 지출비용들을 모두 사업자의 경비로 처리할 수 있다. 다만, 비교과세 시에는 이의 비용들은 경비로 처리할 수 없다.

- 이자
- 복리후생비 등

2. 법인사업자의 과세방식

법인이 주택을 구입해 매매하면 일반 법인세와 추가 법인세 두 가지가 발생한다.

1) 일반 법인세

당기순이익에 세무조정을 가감한 과세표준에 9~19%의 세율만큼 법인세가 발생한다. 따라서 개인사업자처럼 사업이익이 1억 원이라면 이에 9%의 법인세율이 적용되므로 이 경우 900만 원이 나온다. 여기까지만 보면 앞의 매매사업자보다 법인이 더 유리하다고 할 수 있다. 참고로 앞의 당기순이익은 수입에서 각종 비용을 차감한 금액이므로 극단적으로 0원이 될 수도 있다. 이렇게 되면 일반 법인세는 나오지 않는다.

2) 추가 법인세

법인이 주택을 구입해 매매하면 양도차익의 20%를 추가해 법인세를 부과한다. 따라서 앞의 2억 원에 대해 20%를 추가하면 추가 법인세는 4천만 원이 된다. 참고로 추가 법인세는 중과세 대상 주택여부를 묻지 않고 무조건 이를 적용한다.

3) 소결론

법인은 중과세 대상 주택여부에 불구하고 무조건 양도차익의 20% 상당액을 추가 법인세로 과세한다. 따라서 앞의 경우 총 4,900만 원의 법인세를 부담해야 한다. 물론 이를 배당 등을 하면 총세금이 늘어난다.

3. 결론

개인매매사업자와 법인의 세부담을 비교해보면 다음과 같다.

구분	개인사업자 세부담	법인사업자 세부담
① 개인사업자에게 일반과세가 적용되는 경우	1,956만 원	4,900만 원
② 개인사업자에게 비교과세가 적용되는 경우	1억 2천만 원 이상	4,900만 원

개인사업자에게 일반과세가 적용되면 개인사업자의 세부담이 법인보다 적을 수 있다. 하지만 개인사업자에게 비교과세가 적용되면 법인의 세부담이 더 적을 수 있다. 따라서 이러한 내용을 가지고 사업형태를 개인으로 할 것인지, 법인으로 할 것인지 의사결정을 하는 것이 좋다.

※ 저자 주

지금까지 검토한 내용들을 살펴보면 부동산 관리를 개인(또는 개인사업자)으로 할 것인지, 법인사업자로 할 것인지 등에 대한 주요 의사결정 변수는 바로 처분이익에 대해 부과되는 양도세, 종합소득세, 법인세의 크기라는 것을 알 수 있었다. 따라서 앞으로 이들에 대한 세제가 변경되는 경우에는 그 내용들을 중심으로 효과를 분석해 본인에게 맞는 관리 형태를 정하면 될 것으로 보인다. 예를 들어 양도세 중과세가 폐지되고, 법인세 추가과세가 그대로 있는 경우에는 개인사업자의 형태를 유지하면 세금을 적게 낼 수 있다. 매매사업자의 경우에는 중과세가 적용되지 않으면 비교과세(양도세와 종합소득세 중 많은 세금을 내도록 하는 제도)가 적용되지 않기 때문이다(2년 이상 보유한 주택의 경우 중과세가 한시적으로 폐지되었으므로 이러한 주택을 매매사업자가 매매하면 저렴하게 세금을 낼 수 있다. 매매사업자에 대한 자세한 세무처리법은 저자의 《확 바뀐 부동산 매매사업자 세무 가이드북(실전편)》을 참조하기 바란다).

Tip 개인매매사업자와 법인사업자의 세금 비교

① 개인사업자에게 일반과세가 적용되는 경우

구분	세율	비고
종합소득세율	6~45%	
법인세율	29~39%	· 일반 법인세율 : 9~19% · 추가 법인세율 : 20%
법인 유리 여부	개인 유리	

단, 상황에 따라서는 법인이 유리한 경우도 있을 수 있음.

② 개인사업자에게 비교과세가 적용되는 경우

구분	2주택 양도세율	3주택 양도세율
비교과세(양도세율)	26~65%	36~75%
법인세율	29~39%	29~39%
법인 유리 여부	법인 유리	법인 유리

단, 상황에 따라서는 개인이 유리한 경우도 있을 수 있음.

주택임대업은 개인보다 법인이 유리할까?

 개인이나 법인이 주택을 취득해 관할 지자체에 선 임대등록하고, 관할 세무서에 사업자등록을 낸 경우 다양한 세제혜택을 부여하고 있다. 하지만 최근 정부는 이들에 대한 세제혜택을 대폭 축소해서 등록을 하더라도 오히려 손해가 발생하는 일들이 발생하고 있다.
 따라서 현재 주택임대업을 생각하고 있는 경우에는 반드시 이에 대한 실익판단을 먼저 할 필요가 있다. 여기에서는 개인과 법인의 주택임대업 선택 시 어떤 기준에 따라야 하는지 핵심 포인트만 살펴보자. 참고로 2020년 8월 18일 이후부터 아파트는 등록할 수 없고, 기타 주택들의 경우 등록은 가능하나 10년 임대로만 등록이 가능하도록 관련 법이 개정되었다. 또한 기존 등록자들의 경우에도 4년 단기임대와 8년 장기임대 중 아파트에 대해서는 의무임대기간이 경과하면 무조건 등록이 말소되며, 의무임대기간 전이라도 아파트만 제외하고 자진말소를 할 수 있게 제도가 바뀌었다.

1. 개인 앞으로 주택임대업을 하면 좋은 경우

원래 주택임대업은 개인이 하는 것을 전제로 다양한 세제혜택이 주어졌다. 하지만 2018년 9·13 부동산 대책에 의해 정부의 태도가 완전히 바뀌어 현재는 세제혜택이 많이 소멸되었다. 따라서 이러한 점에 착안해 개인 앞으로 주택임대등록을 할 것인지, 말 것인지를 선택하는 것이 좋다.

1) 등록해도 되는 주택들
- 2018년 9월 13일 이전에 취득한 기준시가 등의 요건을 충족한 주택들(단, 아파트는 등록이 불가함)
- 2018년 9월 14일 이후에 비조정대상지역에서 취득한 기준시가 등의 요건을 충족한 주택들(단, 아파트는 등록이 불가함)

2) 등록을 하면 안 되는 주택들
- 2018년 9월 14일 이후에 조정대상지역에서 취득한 주택들

2. 법인 앞으로 주택임대업을 하면 좋은 경우

법인의 경우에는 다음과 같이 정리된다.

1) 등록해도 되는 주택들
- 비조정대상지역에서 취득한 기준시가 등의 요건을 충족한 주택들(단, 아파트는 등록이 불가함)
- 지역 불문하고 자가건설한 기준시가 등의 요건을 충족한 주택들(다가구주택 등)

2) 등록을 하면 안되는 주택들

· 조정대상지역에서 취득(자가건설 제외)한 주택들(다가구주택 등)

개인은 2018년 9월 14일, 법인은 2020년 6월 18일부터 세제상 규제가 적용된다(단, 건설임대는 규제 없음). 전자는 조정대상지역에서 취득 후 등록하면, 후자는 조정대상지역 내의 주택을 등록하면 양도세, 종부세, 법인세에서 혜택이 주어지지 않는다. 이때 주택은 아파트를 포함한 다가구주택 등 모든 주택을 말한다.

Tip 주택임대업 개인과 법인의 세제비교(매입임대의 경우)

구분	개인	법인	비고
취득세 감면	가능	좌동	
재산세 감면	가능	좌동	
종부세 합산배제	가능(2018. 9. 14 이후 조정대상지역 취득분은 제외)	좌동(단, 법인은 2020. 6. 18 이후 조정대상지역 등록분은 제외)	개인이 유리함.
종합소득세/법인세 감면	가능	좌동	차이가 없음.
양도세 중과세 적용배제/법인은 추가과세 적용배제	가능(2018. 9. 14 이후 조정대상지역 취득분은 제외)	가능(단, 법인은 2020. 6. 18 이후 조정대상지역 등록분은 제외)	개인이 유리함.
조특법상 양도세 100% 감면	가능(종료)	해당 사항 없음.	개인이 유리함.
조특법상 장기보유특별공제 50~70% 특례	가능	해당 사항 없음.	개인이 유리함.

☞ 건설임대주택은 세제상 혜택이 그대로 주어지고 있다. 특히 개인은 장기보유특별공제를 70%까지 받을 수 있으므로 건설임대는 가급적 개인으로 하는 것이 유리할 것으로 보인다.

| 심층분석 | 주택 수별로 법인을 설립하는 방법

이제 앞의 내용들을 종합해 주택 수별로 법인 설립의 타당성을 분석해보자. 물론 다음에 언급되는 내용들은 절대적인 것이 아님을 알려드린다.

1. 1주택 보유자

현재 상황에서는 법인을 만들 이유는 없다. 대부분 양도세 비과세(이하 비과세로 통일)를 받을 수 있기 때문이다. 물론 투자를 하고자 하는 경우에는 개인사업자나 법인으로 사업자등록을 할 수는 있다.

2. 2주택 보유자

1) 일시적 2주택 비과세가 가능한 경우

일시적 2주택 비과세가 가능한 경우에도 법인이 필요하지 않다. 따라서 이 경우에는 비과세 요건을 맞추어 양도하도록 한다.

2) 일시적 2주택 비과세가 가능하지 않는 경우

일시적 2주택 비과세가 힘든 상황에서는 법인을 활용하면 비과세를 받을 수 있다. 이에는 두 가지의 방법이 있다.

- 제1안 : 비과세 대상 주택을 일시적 2주택 처분기한에 맞춰 법인에게 양도하는 방법
- 제2안 : 비과세 대상 주택이 아닌 주택을 법인에게 양도해 비과세 대상 주택을 1주택으로 보유하는 방법

참고로 2021년 이후부터 최종 1주택만을 보유한 날로부터 2년 이상을 보유해야 비과세를 적용하는 제도는 2022년 5월 10일부로 폐지되었다. 이러한 점도 고려해 개인에 대한 투자 전략을 세울 필요도 있어 보인다.

3) 투자를 하고자 하는 경우

개인사업자 또는 법인이 필요한 경우는 실익이 있는지 먼저 검토한 후에 본인에게 맞는 형태를 찾아야 한다.

3. 3주택 이상 보유자

1) 1주택에 대한 비과세를 받고자 하는 경우

3주택 이상 보유자는 비과세를 받기가 힘들기 때문에 비과세 대상 주택을 제외한 주택들은 모두 정리를 해둬야 한다. 이때 정리방법에는 처분, 증여, 임대사업자등록, 법인에의 양도 등이 있다.[8]

2) 1주택에 대한 비과세가 필요 없는 경우

이 경우에는 개인이 보유한 주택들은 모두 양도세를 적용받게 된다. 새로운 주택들을 구입하고자 하는 경우에는 앞의 경우처럼 개인사업자 또는 법인을 통해 투자를 할 수 있다.

---

8) 다주택자가 처분이나 증여, 용도변경 등을 통해 1주택을 만든 경우 2022년 5월 10일부터는 당초 취득일로부터 2년을 보유(거주)하면 비과세를 받을 수 있다. 따라서 주택 수 조절을 잘하면 비과세 받기가 상당히 용이해졌다.

제9장

부록 Appendix

1인 부동산 법인의 종합적인 세무관리법

법인형태를 갖추어 사업을 하는 경우 다양한 세금문제를 통제할 필요가 있다. 특히 법인의 취득세 중과세 문제, 부가가치세 징수로 인한 가격할인효과, 과점주주의 세금문제는 상당히 중요하다. 이 외에도 부당행위계산의 부인제도나 주주 관련 다양한 제도 등도 매우 중요한 주제에 해당한다. 여기에서는 부동산 법인이 알아야 할 세무문제를 전체적으로 보고 뒤에서 개별적으로 하나씩 보자.

1. 취득세 중과세 문제

법인이 주택을 취득하면 최고 12%가, 이 외 수도권 과밀억제권역 내에서 상가나 빌딩을 취득하면 취득세가 4% 추가될 수 있다. 일반적으로 후자의 취득세는 다음과 같은 네 가지 조건을 모두 충

족해야 중과세가 적용된다. 즉 하나라도 충족하지 않으면 중과세가 적용되지 않는다.[1]

- 법인은 수도권 과밀억제권역(서울 구로디지털산업단지 제외) 내에서 설립되어야 한다.
- 앞의 지역에서 설립된 지 5년이 경과되지 않아야 한다.
- 수도권 과밀억제권역 내의 부동산을 취득해야 한다.
- 중과세에서 제외하는 업종(주택임대업 등)에 해당되지 않아야 한다.

취득세 중과세에 대해서는 지방세법 제13조와 제3조의2 제16조 등에서 규정하고 있다.

2. 과점주주의 간주취득

법인의 주식 과반을 차지하는 과점주주의 지분율이 증가하면 취득세를 추가로 낼 수 있다. 이를 과점주주의 '간주취득에 대한 취득세'라고 한다. 다만, 과점주주가 된 때에도 법인이 취득세 과세대상자산을 보유하고 있지 않으면 이에 대한 취득세를 내지 않아도 된다. 한편 법인 설립 때 이미 과점주주가 된 경우로써 그 이후 지분율이 증가하지 않으면 이 역시 취득세 납부의무가 없다.

---

1) 이에 대한 자세한 내용은 저자의 《법인 부동산 세무리스크 관리노하우》를 참조하기 바란다.

※ **지방세법 제7조(납세의무자 등)**

⑤ 법인의 주식 또는 지분을 취득함으로써 지방세기본법 제46조 제2호에 따른 과점주주가 되었을 때에는 그 과점주주가 해당 법인의 부동산 등(법인이 「신탁법」에 따라 신탁한 재산으로서 수탁자 명의로 등기·등록이 되어 있는 부동산 등을 포함한다)을 취득(법인 설립 시에 발행하는 주식 또는 지분을 취득함으로써 과점주주가 된 경우에는 취득으로 보지 아니한다)한 것으로 본다.

3. 부가가치세 징수의무

법인이 부가가치세가 과세되는 부동산을 매매하는 경우에는 소비자로부터 10%의 부가가치세를 징수해서 정부에 납부해야 한다. 이때 상가나 오피스텔 같은 물건은 소비자가 낸 다음 이를 환급받을 수 있으므로 가격할인효과가 발생하지 않는다. 하지만 전용면적 $85m^2$를 초과하는 주택은 소비자가 이를 환급받을 수 없다. 따라서 법인 입장에서는 소비자로부터 받은 가격 중 일부를 부가가치세로 국가에 내게 되므로 일종의 가격할인효과가 발생해 수익성이 하락할 수 있음에 주의해야 한다.

4. 주식 관련 제도

1) 주식 평가

비상장주식은 상증법에 따라 주식 평가를 해야 한다. 그런데 부동산 법인의 경우에는 일반 법인에 비해 평가방법이 다소 다르다.

이에 대한 자세한 내용은 저자의 다른 책(《법인 부동산 세무리스크 관리노하우》)을 참고하기 바란다.

구분	평가	비고
일반 법인	(손익가치×3+자산가치×2)/5	가중평균을 함.
부동산 50% 이상 보유 법인	(손익가치×2+자산가치×3)/5	가중평균을 함.
부동산 80% 이상 보유 법인	자산가치	가중평균을 하지 않음.

2) 주식 양도 시 누진세율 등 적용

비상장주식의 양도세율은 일반적으로 9~24%이나 다음과 같은 주식은 6~45%(16~55%) 같은 누진세율로 과세된다.

- 특수업종 영위법인(부동산 비중 80% 이상)
- 부동산을 과다(50% 이상) 보유한 법인의 주식

3) 주식 무상이전 시 상속·증여세 부과

주주의 주식이 자녀 등에게 상속이나 증여로 이전되는 경우에는 상속세와 증여세가 과세되는 것이 원칙이다.

5. 법인운영 관련 제도

1) 부당행위계산의 부인제도

법인이 주주와 임원 등 특수관계인과 거래를 부당하게 하는 경우에는 법인세법 제52조에 따른 부당행위계산의 부인제도가 광범위하게 적용된다. 상당히 중요한 제도에 해당한다.

2) 주주에 대한 증여의제제도

법인을 매개로 거래를 해서 그 법인의 주주에게 부가 이전되면 상증법상 증여의제규정을 적용해서 주주에게 다양한 형태로 증여세를 부과한다.

3) 기타

이 외에도 청산 등의 문제가 있고, 세법에서 정한 협력의무를 위배하면 가산세 등이 부과되기도 한다.

※ 법인의 협력의무 불이행에 따른 가산세

관련 법	종류	주요내용
국세 기본법	무신고가산세	· 부당 무신고 : 무신고납부세액의 40%와 수입금액의 0.14% 중 큰 금액 · 일반 무신고 : 무신고납부세액의 20%와 수입금액의 0.07% 중 큰 금액
	과소신고가산세	· 부당 과소신고 : 부정 과소신고납부세액의 40%와 수입금액의 0.14% 중 큰 금액 · 일반 과소신고 : 과소신고 납부세액의 10%
	납부지연가산세	미납세액×경과일수×0.025%
	원천징수납부불성실가산세	미납세액의 3% + 미납세액×경과일수×0.03% (미납세액의 10% 한도)
법인세법	무기장가산세	산출세액의 20%와 수입금액의 0.07% 중 큰 금액
	지출증빙 서류수취 불성실가산세	지출증빙 미수취·사실과 다르게 받은 금액의 2%
	주식 등 변동상황명세서 제출 불성실가산세	미제출·누락제출 및 불분명하게 제출한 주식 등의 액면금액 또는 출자가액의 2%
	지급명세서 제출 불성실가산세	제출하지 아니하거나 불분명한 지급금액의 2%
	계산서 불성실가산세	공급가액의 1%(필요적 기재사항 미기재·부실기재 또는 합계표 미제출·불분명분)
	성실신고확인서 미제출가산세	법인세 산출세액 × 5%

법인세법상 부당행위계산의 부인제도

법인세법에서 가장 핵심이 되는 부당행위계산의 부인제도에 대해 알아보자. 초보자의 관점에서는 다소 어려울 수 있으므로 나중에 봐도 된다.

1. 법인세법상 부당행위계산의 부인규정

법인세법 제52조에서는 다음과 같이 부당행위계산의 부인제도를 두고 있다.

① 납세지 관할 세무서장 또는 관할지방국세청장은 내국법인의 행위 또는 소득금액의 계산이 특수관계인과의 거래로 인하여 그 법인의 소득에 대한 조세의 부담을 부당하게 감소시킨 것으로 인정되는 경우에는 그 법인의 행위 또는 소득금

액의 계산(이하 "부당행위계산"이라 한다)과 관계없이 그 법인의 각 사업연도의 소득금액을 계산한다.

② 제1항을 적용할 때에는 건전한 사회 통념 및 상거래 관행과 특수관계인이 아닌 자 간의 정상적인 거래에서 적용되거나 적용될 것으로 판단되는 가격(요율·이자율·임대료 및 교환 비율과 그 밖에 이에 준하는 것을 포함하며, 이하 "시가"라 한다)을 기준으로 한다.

③ 내국법인은 대통령령으로 정하는 바에 따라 각 사업연도에 특수관계인과 거래한 내용에 관한 명세서를 납세지 관할 세무서장에게 제출하여야 한다.

④ 제1항부터 제3항까지의 규정을 적용할 때 부당행위계산의 유형 및 시가의 산정 등에 필요한 사항은 대통령령으로 정한다.

앞의 내용을 요약 정리해보자.

첫째, 특수관계인과의 거래로 인해 그 법인의 소득에 대한 조세의 부담을 부당하게 감소시킨 것으로 인정되어야 이 규정을 적용한다.

둘째, 이 규정은 건전한 사회 통념 및 상거래 관행과 시가를 기준으로 적용한다. 여기서 건전한 사회 통념이란 사회 구성원들의 보편적인 생각, 상거래 관행, 경제적 합리성을 전제로 하는 거래를 말한다. 상당히 추상적인 개념으로 실무에서 문제가 많이 발생하는 대목이다. 한편 시가는 명확한 기준이 되므로 실무상 쟁점이 많이 발생하지 않는다. 따라서 법인이 특수관계인과 거래를 할 때에는 항상 시가를 파악하고 이에 맞게 거래하는 습관을 들일 필요가 있다. 시가의 범위에 대해서는 법령 제89조에서 언급하고 있는데, 이에 대해서는 다음 3에서 살펴보자.

셋째, 부당행위계산의 유형 및 시가의 산정 등에 필요한 사항은 대통령령으로 정한다.

2. 부당행위계산의 부인유형

이에 대해서는 법령 제88조에서 다음과 같이 두고 있다. 상당히 중요한 내용이므로 이번 기회에 잘 정리해두기 바란다.

① 법 제52조 제1항에서 "조세의 부담을 부당하게 감소시킨 것으로 인정되는 경우"란 다음 각 호의 어느 하나에 해당하는 경우를 말한다.
1. 자산을 시가보다 높은 가액으로 매입 또는 현물출자받았거나 그 자산을 과대상각한 경우
2. 무수익 자산을 매입 또는 현물출자받았거나 그 자산에 대한 비용을 부담한 경우
3. 자산을 무상 또는 시가보다 낮은 가액으로 양도 또는 현물출자한 경우
6. 금전, 그 밖의 자산 또는 용역을 무상 또는 시가보다 낮은 이율·요율이나 임대료로 대부하거나 제공한 경우. 다만, 다음 각 목의 어느 하나에 해당하는 경우는 제외한다.
　나. 주주 등이나 출연자가 아닌 임원(소액주주 등인 임원을 포함한다) 및 직원에게 사택(기획재정부령으로 정하는 임차사택을 포함한다)을 제공하는 경우
7. 금전, 그 밖의 자산 또는 용역을 시가보다 높은 이율·요율이나 임차료로 차용하거나 제공받은 경우

③ 제1항 제1호·제3호·제6호·제7호 및 제9호(제1항 제1호·제3호·제6호 및 제7호에 준하는 행위 또는 계산에 한한다)는 시가와 거래가액의 차액이 3억 원 이상이거나 시가의 100분의 5에 상당하는 금액 이상인 경우에 한하여 적용한다.

앞의 내용을 요약 정리하면 다음과 같다.

첫째, 제1항 제1호와 제2호는 주로 현물출자로 법인을 설립할 때 적용되는 조항에 해당한다.

둘째, 제3호는 부동산 등 자산을 무상이나 저가로 양도하는 경우를 말한다.

셋째, 제6호와 제7호는 금전이나 부동산 등을 무상이나 저가로 대여나 임대할 때 적용된다.

넷째, 앞에서 본 제1항 제1호·제3호·제6호·제7호 등에 대한 부당행위계산의 부인규정은 시가와 거래가액의 차액이 3억 원 이상이거나 시가의 100분의 5에 상당하는 금액 이상인 경우에 한해 적용한다. 따라서 이 요건을 충족하지 않으면 앞의 규정들이 적용되지 않는다.

3. 시가의 범위

법령 제89조에서는 부당행위계산의 부인규정 적용 시의 시가의 범위에 대해 다음과 같이 규정하고 있다. 역시 상당히 중요한 규정에 해당한다.

① 법 제52조 제2항을 적용할 때 해당 거래와 유사한 상황에서 해당 법인이 특수관계인 외의 불특정다수인과 계속적으로 거래한 가격 또는 특수관계인이 아닌 제3자 간에 일반적으로 거래된 가격이 있는 경우에는 그 가격에 따른다.

② 법 제52조 제2항을 적용할 때 시가가 불분명한 경우에는 다음 각 호를 차례로 적용하여 계산한 금액에 따른다.

1. 감정평가 및 감정평가사에 관한 법률에 따른 감정평가업자가 감정한 가액이 있는 경우 그 가액(감정한 가액이 2 이상인 경우에는 그 감정한 가액의 평균액). 다만, 주식 등은 제외한다.
2. 상증법 제38조·제39조·제39조의 2·제39조의 3, 제61조부터 제66조까지의 규정 및 조특법 제101조를 준용하여 평가한 가액

③ 제88조 제1항 제6호 및 제7호에 따른 금전의 대여 또는 차용의 경우에는 제1항 및 제2항에도 불구하고 기획재정부령으로 정하는 가중평균차입이자율을 시가로 한다. 다만, 다음 각 호의 경우에는 해당 각 호의 구분에 따라 기획재정부령으로 정하는 당좌대출이자율을 시가로 한다.

④ 제88조 제1항 제6호 및 제7호의 규정에 의한 자산(금전을 제외한다) 또는 용역의 제공에 있어서 제1항 및 제2항의 규정을 적용할 수 없는 경우에는 다음 각 호의 규정에 의하여 계산한 금액을 시가로 한다.

1. 유형 또는 무형의 자산을 제공하거나 제공받는 경우에는 당해 자산 시가의 100분의 50에 상당하는 금액에서 그 자산의 제공과 관련하여 받은 전세금 또는 보증금을 차감한 금액에 정기예금이자율을 곱하여 산출한 금액

앞의 내용을 좀 더 자세히 보면 다음과 같다.

1) 시가가 있는 경우

앞의 법령 제89조 제1항을 보면 ① 해당 거래와 유사한 상황에서 해당 법인이 특수관계인 외의 불특정다수인과 계속적으로 거래한 가격, 또는 ② 특수관계인이 아닌 제3자 간에 일반적으로 거래된 가격이 있는 경우에는 그 가격에 따른다라고 하고 있다.

따라서 해당 법인이 지속적인 거래를 통한 가격이 있거나 제3자 간에 일반적으로 적용되는 가격이 있는 경우 해당 가격을 시가로 본다. 예를 들어보자.

〈자료〉
· 법인이 보유한 아파트 장부가액 1억 원, 시가 2억 원

Q. 이 아파트의 법인세법상 평가액은 얼마인가?

제3자 간에 거래된 가격(매매사례가액 등)이 있다면 이 가격을 시가로 하기 때문에 2억 원이 될 가능성이 높다.

2) 시가가 불분명한 경우

법령 제89조에서는 앞의 시가가 불분명한 경우에는 다음과 같은 순서대로 평가를 한다.

· 감정평가(1개도 가능)
· 상증법상의 평가(부동산의 경우 기준시가를 말함)[2]

3) 예외

금전의 대여 또는 차입의 경우에는 위와는 별도로 4.6%로 고시된 당좌대출이자율 등으로 평가한다. 한편 임대용 자산은 자산 시가의 100분의 50에 상당하는 금액에서 그 자산의 제공과 관련해 받

---

[2] 법인세법은 상증법 제60조를 준용하지 않으므로 상증법 제61조를 준용하는 경우 기준시가가 평가액이 된다(저자 문의).

은 보증금을 차감한 금액에 정기예금이자율(2.9%로 고시됨. 매년 변동함)을 곱해 산출한 금액(환산평가법)으로 평가한다.

4. 법인세법상의 시가에 대응하는 방법

법인세법상의 시가는 소득세법이나 상증법에 비해 상당히 추상적인 개념을 사용하고 있다. 따라서 이를 잘못 적용하다 보면 실무상 많은 문제점들이 발생할 수 있다. 따라서 정교한 관리가 필요하다.

첫째, 거래되는 금액에 대한 시가를 조사한다.

둘째, 조사를 통해 시가가 없는 경우에는 자유롭게 계약은 할 수 있다. 다만, 기준시가나 당좌대출이자율 등과 차이가 나지 않도록 한다.

셋째, 향후 세무간섭이 예상되면 가급적 감정평가를 받아 처리를 한다. 이때 감정평가는 법인세법상은 1개, 상증법은 2개(단, 기준시가 10억 원 이하인 부동산은 1개도 인정) 이상 필요하므로 이 부분도 고려한다.

부동산의 저가 양도 시의 실무적용 사례

　대표이사 등 개인이 특수관계에 있는 법인에게 주택 등 부동산을 저가로 양도하는 경우가 있다. 이렇게 하는 것이 본인한테 득이 되는 경우가 많기 때문이다. 예를 들어, 개인이 주택 수를 줄여 양도세 비과세를 받거나 양도차익에 대해 법인세로 내는 것이 유리할 수 있다. 하지만 저가거래를 하는 경우에 개인과 법인, 그리고 주주 등에게 다양한 세무위험이 발생할 수 있다. 이에 대해 알아보자.

1. 개인이 법인에게 양도 시의 세무상 쟁점

　법인과 특수관계에 있는 개인이 법인에게 부동산을 저가로 양도할 때 발생할 수 있는 세무상 쟁점을 알아보자.

1) 부당행위계산의 부인제도 적용 여부

개인이나 법인이 특수관계인과의 저가 양도나 고가 양수 등을 통해 세부담을 줄이는 경우 소득세법이나 법인세법에서 부당행위계산의 부인제도를 적용한다. 따라서 특수관계인과의 거래를 할 때에는 시가를 확인한 후에 시가와 거래금액의 차액이 3억 원 이상이거나 거래금액이 시가의 5%를 벗어나지 않도록 해야 한다. 참고로 여기서 시가는 소득세법의 경우 상증법상의 평가규정을 준용하고 있다. 법인세법의 경우에는 동법 시행령 제89조에서 정하고 있다.

2) 증여세과세제도 적용 여부

개인이 특수관계법인에게 부동산을 저가로 양도하는 상황에서 그 법인의 주주가 이익을 얻은 경우에는 주주에게 증여세가 과세될 수 있다. 다만, 상증법 제45조의 5에서 규정하고 있는 현저한 이익의 분여 및 특정법인의 이익 등의 요건을 충족해야 한다.

2. 적용 사례

K씨는 현재 (주)부동산의 대표이사에 해당한다. 이번에 그는 자신이 보유한 주택을 법인에 양도하고자 한다. 이때 세부담을 최소화하는 방안을 추진하고 있다. 어떻게 하면 될까?

〈자료〉
· 시가 5억 원(취득가액 3억 원)
· 기준시가 3억 원
· 위 물건은 양도세 중과세 물건으로 양도 시 60% 정도의 세부담 예상됨.

Q. 현 상태에서 이를 양도하면 세금은 얼마나 예상되는가?

양도가액에서 취득가액을 차감한 양도차익에 60%를 적용하면 대략 1억 2천만 원의 양도세가 예상된다.

Q. 양도세를 최소화하기 위해 이 주택을 법인에 3억 원에 양도하고 이후 법인이 5억 원에 양도하는 경우의 세부담 관계는?

이 경우 양도세는 0원이 되고, 법인은 취득가액의 12% 정도의 취득세를 낸다. 따라서 법인의 취득단계에서는 3,600만 원 정도의 취득세가 발생하고, 향후 법인이 이를 5억 원에 양도하면 법인세가 발생하게 된다. 이때 법인세는 일반 법인세 외에 주택양도차익에 대해 20%만큼 법인세가 추가로 발생한다. 따라서 다음과 같은 총 법인세를 예상해볼 수 있다. 단, 법인에서 일반비용 1억 원이 추가로 발생했다고 하자.

구분	일반 법인세	추가 법인세	계
이익	2억 원	2억 원	
일반관리비	1억 원	0원	
과세표준	1억 원	2억 원	
세율	9~24%중 9%	20%	
산출세액	900만 원	4천만 원	4,900만 원

법인이 주택을 취득해 이를 양도하면 개인이 직접 양도하는 경우에 비해 세부담이 크게 줄어들 수 있다. 따라서 이러한 상황에서는 법인에게 양도한 후에 거래에 나서는 것이 더 좋을 수가 있다. 다만, 법인의 세후 이익을 주주에게 배당하면 배당소득세가 나올 수 있으므로 앞의 실익이 다소 줄어들 수는 있다.

Q. 앞의 두 번째의 경우 세법상 문제가 없는가?

개인이 특수관계법인에게 부동산을 저가로 양도하면 개인과 법인, 그리고 주주 측면에서 세무상 쟁점을 검토해야 한다. 세법은 이러한 거래를 비상적인 거래로 보고 다양한 규제를 할 가능성이 높기 때문이다.

① 개인

개인이 특수관계인에게 저가로 양도해 조세부담을 회피한 경우 소득세법 제101조에서 규정하고 있는 부당행위계산의 부인제도가 적용될 수 있다. 이 제도가 적용되면 시가로 소득금액을 계산하게 된다. 다만, 무조건 이 제도를 적용하는 것이 아니라 시가와 거래가액의 차액이 3억 원 이상 나거나 시가의 5% 이상 차이가 나게 거래하는 등의 요건을 충족해야 한다.

② 법인

법인은 이 거래를 통해 세부담이 줄어들지 않았다. 따라서 법인세법 제52조에서 규정하고 있는 부당행위계산의 부인제도를 적용하지 아니한다. 저가로 양수한 법인은 향후 처분이익이 발생하면 이에 대해서 법인세를 내면 그만이기 때문이다.

③ 법인의 주주

개인이 특수관계법인에게 부동산을 저가로 양도하는 경우에는 상증법 제45조의 5(특정법인과의 거래를 통한 이익의 증여의제) 규정을 검토해야 한다. 이 규정에 의하면 특수관계에 있는 법인(특정법인)과 시가와 거래가액의 차액이 3억 원 이상 나거나 시가의 30% 이상 나게 저가로 양도하면 그 특정법인의 주주가 증여받은 것으로 본다(단, 특정법인의 이익이 1억 원 이상인 경우에 한함).

Q. 세법상 문제가 없으려면 거래금액은 어떻게 정해야 하는가?

이상의 내용을 살펴보면 개인이 법인에게 저가로 부동산을 양도하면 실무에서는 우선적으로 소득세법상 부당행위계산의 부인규정을 적용받게 되므로 소득세법상 시가부터 잘 검토해야 한다. 여기서 시가는 상증령 제49조 등에서 규정하고 있는 유사매매사례가액 등을 준용한다. 따라서 양도일 전후 3개월 내의 매매사례가액이나 감정가액 등이 있는 경우 이를 기준으로 매매계약을 체결하면 될 것이다. 만약 이에 대한 시가를 알기 힘든 경우에는 보충적 평가방법인 기준시가도 시가에 해당될 수 있으므로 이를 기준으로 매매계약을 체결해도 이론상 문제는 없다고 보인다. 참고로 개인이 법인에게 저가 양도하는 경우에는 소득세법, 법인세법, 상증법 등 세 가지의 법률이 적용된다. 이들의 관계에 대해서는 다음의 Tip을 참조하기 바란다.

Tip 법인세법상 부당행위계산의 부인규정과 소득세법상 부당행위계산의 부인규정 그리고 상증법상 증여규정의 관계[3]

소득세법 시행령 제167조 제6항에 따라 개인과 법인 간에 재산을 양수 또는 양도하는 경우로서 그 대가가 법령 제89조의 규정에 의한 가액에 해당되어 당해 법인의 거래에 대해 법인세법 제52조의 규정이 적용되지 아니하는 경우에는 소득세법 제101조 제1항에 따른 부당행위계산의 부인규정을 적용하지 아니한다(다만, 거짓 그 밖의 부정한 방법으로 양도세를 감소시킨 것으로 인정되는 경우에는 그러하지 아니한다). 또한 상증법 제35조 저가 양수 또는 고가 양도에 따른 이익의 증여이익 규정을 적용함에 있어서도 법령 제89조의 규정에 의한 가액에 해당하는 경우 적용하지 아니한다.

---

3) 상당히 중요한 의미를 가지고 있는 규정이다. 저자에게 문의하길 바란다.

# 주식 이동 시 점검해야 할 것들

법인의 주식은 경영권 가치를 지니고 있어 이를 둘러싸고 다양한 세무상 쟁점들이 자주 발생하고 있다. 세법이 집중적으로 견제를 하고 있기 때문이다. 세법상 가액과 차이 나게 거래한 경우 부당행위계산의 부인제도 등을 적용하는 것이 대표적이다. 이에 대해 알아보자.

1. 주식 이동 관련 세무상 쟁점들

주식 이동과 관련해 발생하기 쉬운 세무상 쟁점들을 정리해보자.

첫째, 세법상 주식 평가방법이다.
주식을 양도 또는 증여 등을 하고자 하는 경우 시가로 신고하는 것이 원칙이다. 이때 주식 중 상장 주식은 평가기준일 전후 2개월 간의 종가평균으로, 비상장 주식은 순자산가치와 순손익가치를 2 : 3 등의 비율로 가중평균을 하도록 하고 있다. 참고로 2020년 이후부터 중소기업(2023년부터 일부 중견기업 포함)의 주식에 대해서는 할증평가를 하지 않는다(일반기업은 20% 할증평가).

둘째, 특수관계인 간의 주식 이전 시의 거래금액이다.
저가나 고가로 거래나 증여 시 부당행위계산의 부인제도, 증여세 과세제도 등이 작동되기 때문이다. 특히 양도세를 줄이는 목적으로 액면가로 신고하는 것은 사후에 문제를 많이 발생시키게 된다. 참고로 배우자에게 주식을 증여한 후에 이를 바로 양도하는 식으로 양도세를 줄이는 행위는 추후 과세관청에서 조사를 통해 세금이 추징될 수 있음을 유의해야 한다.

셋째, 자본의 환급(감자) 시의 소득성격이다.
회사에 주식을 반납하거나 자기 주식의 매입 등이 발생할 경우 이에 대한 소득이 배당소득인지, 양도소득인지의 구분이 중요하다. 이에 대해 세법은 매매의 경위와 목적, 계약체결과 대금결제의 방법 등에 비추어 그 매매가 법인의 주식 소각이나 자본감소 절차의 일환으로 이뤄진 것인 경우에는 배당소득으로 보는 것이며, 단순한 주식 매매인 경우에는 양도소득으로 본다(법규재산2014-456, 2014. 10. 15). 알다시피 배당소득과 양도소득의 과세방법은 차이가 많이 나므로 특히 동업자관계에서 이에 대해 주의해야 한다.

2. 적용 사례

K법인은 비상장법인에 해당한다. 이 법인의 대주주인 K씨는 그가 보유한 주식 1만 주를 성년인 자녀 3명에게 균등하게 직접양도, 또는 증여를 하고자 한다. 다음 자료를 보고 물음에 답하면?

〈자료〉
· 상증법상 1주당 평가액 : 30,000원(총 3억 원)
· 1주당 취득가액 : 5,000원(총 5,000만 원)
· 양도세 계산 시 기본공제 등은 무시

Q. 앞의 경우 양도가 좋을까? 증여가 좋을까? 단, 중소기업 대주주의 주식 양도세율은 20%이며, 증여는 10~50%의 세율이 적용된다.

앞의 자료를 가지고 먼저 양도세와 증여세를 비교하면 다음과 같다.

구분	양도세	증여세
산출세액	5,000만 원(지방소득세 포함 시 5,500만 원)	1,500만 원
계산근거	(1억 원-5,000만 원×1/3)×20%×3명	(1억 원-5,000만 원)×10%×3명

앞의 결과를 보면 양도세는 총 5,000만 원(지방소득세 포함 시 5,500만 원)이나 증여세는 총 1,500만 원에 불과하다. 이렇게 증여세가 양도세보다 저렴한 이유는 양도가액에서 차감되는 취득가액 5,000만 원보다 증여재산공제 1억 5,000만 원(1명당 5,000만 원)이 더 많고, 세율도 증여세율(10%)이 양도세율(20%)보다 낮기 때문이

다. 참고로 최근 중소기업 대주주의 주식에 대한 양도세율이 10%에서 20%(과세표준 3억 원 초과분은 25%)로 상향조정되었다. 대주주의 주식 양도 시에는 이러한 세율변화에 주의할 필요가 있다.

Q. 상증법상 평가액에도 불구하고, 총 2억 원에 매매나 증여를 하면 어떤 문제점이 있는가?

세법상의 거래가액과 차이가 나게 양도나 증여 등을 하게 되면 그 차이액에 대해서는 소득세법상 부당행위계산의 부인제도, 상증법상 증여과세제도가 적용될 수 있다. 전자의 경우 특수관계인 간의 거래를 통해 부당하게 조세를 회피하는 경우에 적용되는데, 통상 시가의 5%를 벗어나면 이 제도들이 적용된다. 후자의 경우 자본거래를 통해 부의 무상이전에 대해 과세하는데, 통상 시가의 30%를 벗어나면 이 제도들이 적용된다.

Q. 앞의 주식을 배우자에게 증여한 후 3개월 내에 이 주식을 제3자에게 양도하면 양도세가 없다고 하는데 맞는 말인가?

이론적으로는 가능하다. 배우자가 증여받은 후 이를 3개월 내에 양도하면 이의 매매가액이 증여당시의 가액이 되어 결과적으로 양도세 계산 시 양도가액과 취득가액이 동일해져 양도차익이 0원이 되기 때문이다. 다만, 2023년부터는 증여받은 날로부터 1년 내에 증여받은 주식을 양도하면 당초 증여자가 취득한 가액을 취득가액으로 한다(취득가액 이월과세).

법인 청산 시 발생하는 세무위험 관리법

법인이 청산을 하면 이와는 별도로 청산소득에 대해서 법인세를 과세하는데, 이는 각 사업연도에서 누락된 과세소득이 청산 시 나타난 것으로 보아 법인의 일생의 소득에 대한 법인세를 최종적으로 정산하는 기능을 담당한다. 청산법인의 세무문제에 대해 대략 알아보자.

1. 납세의무자

청산소득에 대한 법인세의 납세의무자는 해산(합병·분할에 의한 해산은 제외)으로 소멸하는 영리 내국법인이다. 따라서 비영리법인이나 외국법인은 제외된다. 비영리법인은 청산을 하면 그 소득이나 자산은 국가나 지방자치단체에 귀속되기 때문이다. 외국법인은 본점이 외국에 있어 청산이 외국에서 진행되기 때문에 대한민국에는 과세권이 없다.

한편 법인이 해산한 경우 각 사업연도의 소득에 대한 법인세 또는 청산소득에 대한 법인세를 납부하지 않고, 잔여자산을 분배한 때에는 청산인과 분배받은 자가 연대해서 납부할 책임을 진다.

2. 과세표준과 세액의 산출

청산소득에 대한 법인세의 과세표준은 해산에 의한 청산소득금액으로 한다. 여기에서는 일반적으로 많이 발생하는 해산의 경우의 과세표준만을 살펴보고자 한다.

1) 해산에 의한 청산소득금액

내국법인이 해산한 경우 청산소득금액은 다음과 같이 계산된다.

· 청산소득금액 = 해산에 의한 잔여재산가액 - 해산등기일 현재의 자기자본 총액

① 잔여재산가액

잔여재산가액은 해산등기일 현재의 자산총액에서 부채총액을 공제한 금액으로 한다. 여기서 '재산총액'은 해산등기일 현재 자산의 합계액으로 하되, 추심할 채권과 환가처분할 재산에 대해서는 추심 또는 환가처분한 날 현재의 금액(추심 또는 환가처분 전에 분배한 경우에는 그 분배한 날 현재의 시가)에 의한다.

② 자기자본 총액

자기자본 총액은 해산등기일 현재 납입자본금과 잉여금의 합계액으로 한다. 한편 해산등기일 현재 소멸되지 않고 남아 있는 이월결손금(발생시점 불문)은 자기자본 총액과 상계할 수 있으나, 잉여금을 한도로 해서 상계가 가능하다. 다음 사례를 통해 알아보자.

〈자료〉
· 어떤 법인의 납입자본금은 3억 원, 잉여금은 2억 원임.
· 이 법인이 해산되었음.

Q. 이월결손금이 3억 원인 경우 청산소득금액은? 단, 자산총액에서 부채총액을 차감한 금액은 7억 원이다.

앞의 자료를 바탕으로 계산하면 다음과 같다.

· 청산소득금액 = 7억 원 − (3억 원+2억 원−2억 원[4]) = 4억 원

3. 세액의 산출

앞의 청산소득금액(=과세표준)에 9~24% 세율로 과세를 한다. 세율은 각 사업연도소득에 적용되는 것과 같다.

---

4) 이월결손금은 잉여금을 한도로 공제된다.

4. 신고·납부

청산소득에 대한 법인세 신고는 각 사업연도의 법인세 신고방법과 큰 차이가 없으나, 다만 '중간신고·납부'라는 제도가 있다.

1) 확정신고·납부

해산하는 경우에는 잔여재산가액 확정일로부터 3개월 이내에 신고·납부해야 한다. 청산소득에 대한 법인세 신고는 다음의 서류에 의한다.

- 청산소득에 대한 법인세과세표준 및 세액신고서
- 청산재무상태표
- 해산한 법인의 본점 소재지, 잔여재산가액의 확정일 및 분배예정일 기타 사항을 기재한 서류

2) 중간신고·납부

잔여재산가액이 확정되기 전에 그 일부를 주주 등에게 분배한 경우와 해산등기일로부터 1년이 되는 날까지 잔여재산가액이 확정되지 않는 경우, 그 사유가 발생한 날로부터 1월 이내에 청산소득에 대한 법인세 신고를 해야 한다.[5]

---

5) 주주에게 잔여재산을 분배할 때 배당소득세가 나올 수 있다.

Tip 법인청산절차

법인은 설립등기를 함으로써 설립되었다가 해산 등의 사유로 소멸하게 된다. 일반적으로 법인격은 '채권의 추심과 채무의 변제 → 자산의 환가처분 → 잔여재산의 분배' 과정을 거쳐 소멸하게 된다. 청산과정을 대략적으로 살펴보면 다음과 같다.

① 해산등기 및 청산인 선임등기
청산인은 청산 사무를 집행하는 회사의 상설기관을 말함.

② 해산 및 채권신고를 위해 2개월간 신문공고

③ 청산종결등기
결산보고서 주주총회 승인 후 청산종결등기 진행

신방수 세무사의
1인 부동산 법인 하려면 제대로 운영하라! (개정판)

제1판 1쇄 2020년 4월 25일
제1판 3쇄 2020년 6월 20일
제2판 1쇄 2021년 6월 11일
제2판 12쇄 2023년 4월 10일

지은이 신방수
펴낸이 최경선 **펴낸곳** 매경출판㈜
기획제작 ㈜두드림미디어
책임편집 배성분 **디자인** 디자인 뜰채 apexmino@hanmail.net
마케팅 김성현, 한동우, 김지현

매경출판㈜
등   록 2003년 4월 24일(No. 2-3759)
주   소 (04557) 서울시 중구 충무로 2(필동 1가) 매일경제 별관 2층 매경출판㈜
홈페이지 www.mkbook.co.kr
전   화 02)333-3577
이메일 dodreamedia@naver.com(원고 투고 및 출판 관련 문의)
인쇄·제본 ㈜M-print 031)8071-0961
ISBN 979-11-6484-291-9 03320

책 내용에 관한 궁금증은 표지 앞날개에 있는 저자의 이메일이나
저자의 각종 SNS 연락처로 문의해주시길 바랍니다.

책값은 뒤표지에 있습니다.
파본은 구입하신 서점에서 교환해드립니다.

같이 읽으면 좋은 책들

가치 있는 콘텐츠와 사람
꿈꾸던 미래와 현재를 잇는 통로

Tel : 02-333-3577
E-mail : dodreamedia@naver.com
https://cafe.naver.com/dodreamedia